ちくま新書

ソーシャルワーカー
――「身近」を革命する人たち

井手英策／柏木一恵
Ide Eisaku　Kashiwagi Kazue
加藤忠相／中島康晴
Kato Tadasuke　Nakashima Yasuharu

1433

ソーシャルワーカー――「身近」を革命する人たち【目次】

はじめに

ソーシャルワークってなんだろう？

こんな問いが投げかけられてから、もうずいぶん時間がたったような気がする。「社会のしごと」と聞けば公務員を想像するかもしれない。ちょっと知識のある人なら「ああ、あの資格を持っている人たちね」と答えることだろう。

だけど、そんな誤解を解くだけなら、すでに多くの本が出されている。

私たちは、次のステージに進んでいく。

ソーシャルワークは歴史を動かす、私たちはこう主張するつもりだ。

人権を守るためなら組織や専門性の壁を乗り越えろ、私たちはそう提言するだろう。

ソーシャルワークは、眼の前にある人間の暮らしの困りごとと向きあう。人びとの権利を守るというその一点において、周辺の環境、社会のかたちすらをも変えようとする。

それだけじゃない。自分たちがとらわれているこの社会の構造や目に見えぬ圧力を自覚しながら、自分も含めたすべての人間の解放に挑んでいく。

「資格を持つ人たち」ではなく、「ソーシャルワーカー」が社会に居場所を見いだせれば、経済的な不正義はもちろん、文化的な不正義がはびこる社会をも終わらせられる。

そんな信念、熱情、そしてひそやかな誇りとともに、ソーシャルワークと日本のこれからを語りあったのがこの本だ。

迷いがないわけではない。ソーシャルワークが歴史を動かすのだ、こんなことを訴える人たちは、どう考えても、暑苦しい。でも、冷静に制度の問題点を語り、その改善を訴えた本は数えきれないが、ちっともよりよい社会は訪れやしない。

私たちは、社会や福祉の「制度」ではなく、必要とされる「人のかたち」について語っていかなければならないと考えている。でなければ、私たち一人ひとりの生きづらさが加速する、歴史の加害者に成り果てる、本気でそう思っている。

「絶望の過去」を「希望への挑戦」に作り変える、そのためのキーワードは「気にかけること（＝ケア）」だ。ソーシャルワークの過去と現在、理論と実践、そしてそれらがつむぎ出す日本社会の未来について、立場をこえて、全身全霊で語り尽くしていきたい。

井手英策・柏木一惠・加藤忠相・中島康晴

第1章

ソーシャルワーカー——悲惨に立ちむかい、身近な社会を動かす人たち

井手英策・柏木一恵・加藤忠相・中島康晴

平成という時代の見えかた

平成が終わった。もちろん、元号が変わることで、突然、社会が新しい何かに変わるわけじゃない。でも、より良い未来を展望したいと思うのなら、歴史を区切り、その時代がどんな時代だったのか、何が問題だったのかを振り返ってみるのも悪くない。

平成とはいったいどんな時代だったのだろう。

ある調査によると、回答者の40％が平成は「良い時代だった」と答えている（大和ネクスト銀行『平成時代の思い出とポスト平成に関する調査２０１８』）。「どちらともいえない」が全体の４割を占めているのはいかにも日本的だが、それでも「良くなかった」と答えた人の２倍にあたる人たちが平成は良い時代だったと考えていることになる。

ただし注意が必要だ。データをこまかく見てみると、印象は大きく変わる。

たしかに、20代に限定すれば、平成を肯定的にとらえている人たちは全体の59％に達している。ところが世代が上がるごとにこの数字は減り、30代では46％、40代では32％へと大きく落ち込み、底である50代では28％にまで低下してしまう。ちなみに40代の28％、50代の27％は反対に「良くなかった」と回答している。

このアンケートでは、平成の時代にうまくいかなかったと思うものも尋ねている。

第1位は貯蓄、2位は仕事という結果だ。ちなみに、貯蓄に不満を持っているのは40～50代の男性、30～40代の女性、仕事に悔いを残しているのは40～50代の男性、40代の女性である。

平均で見れば平成は悪い時代ではなかったのかもしれない。だが、昭和を知り、平成と比較できる世代、あるいは昭和の価値にしたがって生きてきたのに、平成になって状況がおどろくほど変わってしまった世代から見ると、平成は必ずしも喜びをもって振り返られる時代ではなかった。

それもそのはずだ。平成の31年間を通じて私たちは貧しくなった。そして、その貧しさに直面し、将来不安に押しつぶされそうになっているのが現在の40代、50代である。

まずは全世代に関するマクロのデータから見てみよう。

一人当たりGDPを見てみる。国連の推計によれば、平成元年には世界で9位だった日本の一人当たりGDPは、平成29年には32位へと低下した（https://unstats.un.org/unsd/snaama/Downloads）。ちなみに、平成元年には世界企業のトップ50社のうち32社が日本企業だったが、平成30年にはわずか1社、トヨタ自動車のみとなった。

世帯の収入を見てみる。税引き後の所得である可処分所得のピークは平成9年だ。それ以降連続的に減少し、いまでは収入が４００万円未満の世帯が全体の47％を占めている。

ちなみにこの比率は昭和の終わりと変わらない。30年以上の年月を経て昭和のころの暮らしぶりにもどったようなイメージだ（厚労省『国民生活基礎調査』）。

注意したいのは、平成9年から30年にかけて、25〜44歳の女性の就業率が62％から77％に増大した点だ（総務省『労働力調査』）。共稼ぎ世帯が専業主婦世帯の数を大きく上回るという変化、もっとハッキリ言えば、一人ではなく、二人が働きに出ることが主流になるなかで、以上の世帯収入の減少は起きたことになる。

収入が減れば、預金も減る。途中で基準が変わり、統計の連続性に注意しなければならないが、平成元年には14・4％だった家計貯蓄率は平成29年度に2・5％にまで減少している（内閣府『国民経済計算』）。先進国最高だったかつての貯蓄率の面影は、もはやない。

40代、50代を直撃した経済の衰退

日本経済は明らかに衰退した。そして、その衰退の影響をもろに受けたのが40代、50代である。出生数の多かったボリュームゾーンである「団塊ジュニア（1971〜74年に生まれた世代）」の前後の世代に注目しながら、彼らのおかれた状況を見てみよう。

図1は平成元（1989）年と30（2018）年の非正規雇用比率を比べたものである。

非正規雇用化が明確に進んだのは15〜24歳の若年層と65歳以上の高齢者層だ。この図を

図1

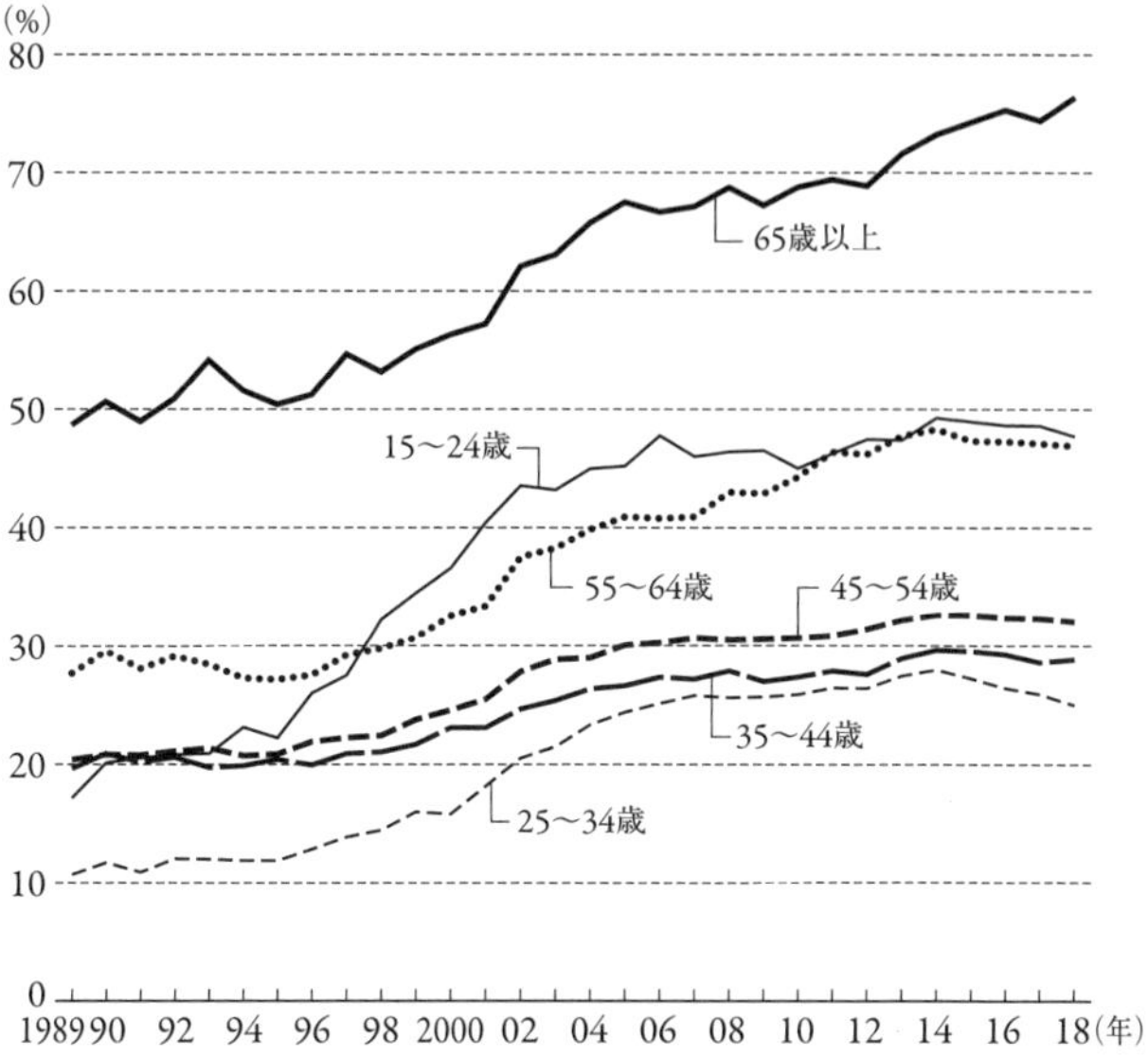

出所：労働政策研究・研修機構「早わかり　グラフで見る長期労働統計」より作成。

見るかぎり、団塊ジュニアの前後の層は、相対的に見て雇用が維持されている。

　だが、これを実数で見てみると、見えかたは大きく変わる。

　平成30年の非正規雇用者数は、15～24歳の層が273万人、65歳以上の層が358万人である一方、35～44歳は371万人、45～54歳425万人、55～64歳429万人と、40代、50代のほうが明らかに大きくなっているのである。

　40～50代と言えば、子育ての費用、塾や受験の経費、大学の授業料、そして住宅ローンの負担が重くのしかかってくる世代だ。そこにこれだけの非正規雇用者が存在していることを、私たちはどう考えるべきだろうか。

じつは、この雇用の非正規化は、女性の非正規就労が増大したことが主な原因だ。では、女性が働くようになったことによって、世帯の所得が維持されたのか。すでに指摘したとおり、その答えはＮＯだ。女性が働きに出るようになっても、世帯所得はほぼ連続して低下していたのである。

この点をもう少し掘り下げておこう。

厚労省の『賃金構造基本統計調査』によると、男性の賃金は１９９０年代の後半にほぼ頭打ちとなり、以後、減少ないし横ばいの状態に転じていった。一方、女性の賃金は上昇していたが、男性賃金の減少を埋めるにはいたらなかった。ようするに、男性の正規労働者を質的、量的に限定し、女性も含めた非正規労働者を増やしながら、企業は全体の賃金を抑制していったわけである。

図2に示されるように、所得がピークだった平成9年と比較すると、平成30年には若年層の所得が増大しているのに、40代、50代の世帯所得が大きく減少している。

興味深いのは、世帯人員一人当たりの所得を見てみると、全体としてわずかながら所得が増えていたことだ。世帯所得は減っているのに、一人当たりの所得は増える。ようする

図2

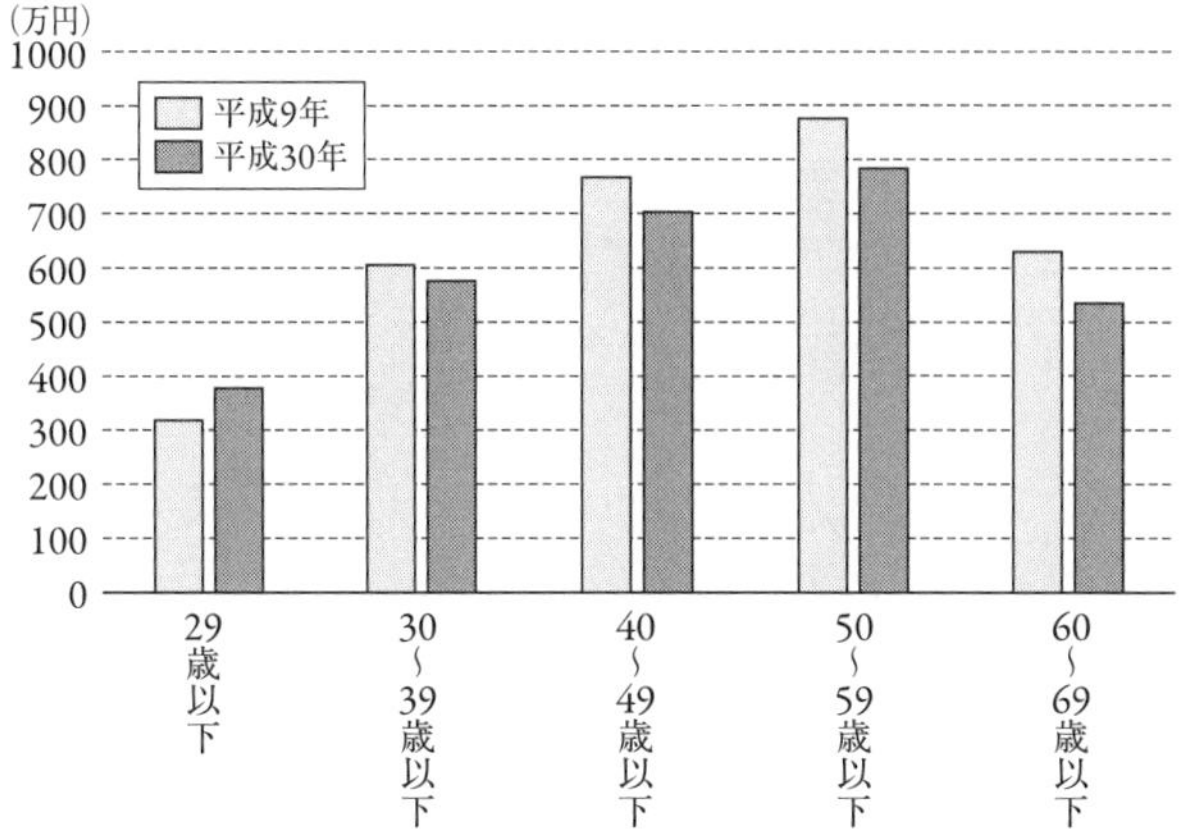

出所：厚労省「国民生活基礎調査の概況」より作成。

に、40代、50代の層が、この20年あまりの間に世帯人員を減らした可能性、いわば所得の低下にあわせて結婚や出産をあきらめた可能性があるということだ。

こうした収入の減少、世帯人員の減少は持ち家比率の低下となってあらわれた。

図3を見てみよう。調査が5年ごとに行われていることを踏まえ、所得の減少がはじまった平成10年と直近の平成25年とを比べると、40代の前後で持ち家比率が大きく低下していることがわかる。「夢のマイホーム」はもはや過去のことになりつつある。

さらに貧困層の増大も見逃せない。高齢化による生活保護利用者の急増がしばしば指摘されているが、母子世帯、障

図3

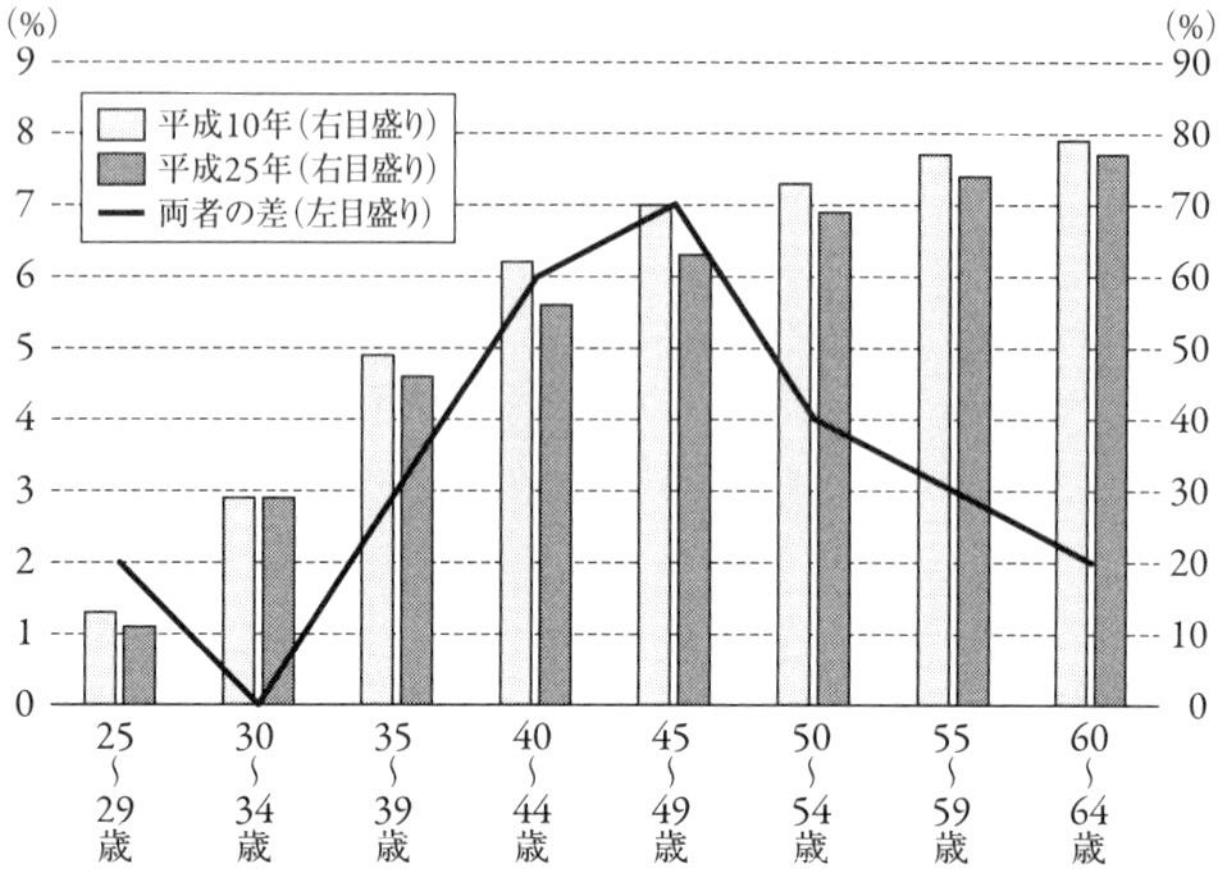

出所:総務省「住宅・土地統計調査」より作成。

害・疾病世帯を除く「その他世帯」が全体に占める割合も平成9年度と比べて2倍以上に増えている。

40代、50代の生活保護利用者は、数においても、全体に占める割合においても、増加の一途をたどってきた(厚労省『社会保障審議会　部会提出資料』)。すぐあとに述べるように、非正規就労や親の経済支援によってなんとかいまをしのいでいる人たちが大勢いる。この人たちが高齢者の仲間入りをすれば、生活保護の利用者数の増加にはさらに拍車がかかることとなるだろう。

平成の貧乏物語

このように厳しい経済環境におかれた

40代、50代には、所得の低下とあいまって、さまざまな難題が襲いかかっている。

40代にとって深刻なのは、子育てと親の介護の「ダブルケア」に直面する人が多数存在していることだ。内閣府の調査では、現在、全国で25万人がダブルケアの問題をかかえ込んでいると推計されており、その4割弱が40代である。ちなみに30代まで合わせると全体の約8割に達する（内閣府『育児と介護のダブルケアの実態に関する調査』）。

また、若者の引きこもりが社会問題とされてきたが、引きこもりの高年齢化も問題視されている。別の内閣府調査を見てみると、中高年の引きこもりは若年層の引きこもり54・1万人を大きく上回る61・3万人に達しており、中高年引きこもりの38％を40代、36％を50代の人たちが占めるという（内閣府『生活状況に関する調査』平成30年度）。

近年、後期高齢者に属する80代の「親」が、50代の引きこもった「子ども」の生活を支える「8050問題」が取りざたされている。多くの40代が引きこもっている現実からすれば、この傾向はさらに強まっていくことが予想される。

大学などに通う子どもの学費から解放される一方、退職の足音が聞こえてくる50代が心配するのは、老後の暮らしだ。

ところが、老後の暮らしを支えてきたはずの退職金の減少がひどいことになっている。平成9年と30年を比較すると、高卒（管理・事務・技術）で18％、高卒（現業）で14％、そして大卒にいたっては31%も退職金は減っている（厚労省『就労条件総合調査』）。

退職金だけではない。みなさんは法定外福利費をご存知だろうか。企業は公的な社会保険料と別に、さまざまな福利厚生のコストを負担してきた。社宅や住宅手当、法定外の企業検診、医療施設、社員食堂など、命と暮らしにかかわる保障を企業は政府に代わって行ってきたのだ。

かつては先進国で最高レベルだったこの負担だが、現在では公的な社会保険料の負担が増えてきた影響を受け、先進国最低レベルにまで減少している（労働政策研究・研修機構『データブック国際労働比較2018』）。公的な福祉が充実していることで知られるスウェーデンの企業と比べても、その3割以下しか日本企業は法定外福利費を負担していない。

退職時の保障が弱まる。企業の生活保障も弱まる。そんな状況のなかで子どもの学費や親の介護の問題が押し寄せてくる。悩みや不安をかかえる人がもっとも多いのが50代であり、その内容としてダントツに高いのが老後の生活設計であるというのもうなずける話だろう（内閣府『国民生活に関する世論調査』）。

平成が良い時代だったか、良くない時代だったか。それはさまざまな要因から、総合的に判断されて決められるべきことだ。だが、少なくともデータを追跡する限り、中高年世代が貧しくなったこと、さまざまな不安におびやかされていることはまちがいない。

急いで付けくわえておけば、将来不安はすべての世代におよんでいる。

だが、あえて私たちが40代、50代の危機を強調するのは、あと10年、20年もすれば彼らが確実に高齢者の仲間入りを遂げることとなるからだ。子どもをあきらめ、家、安定した職、貯蓄もなく、さらには子どもや親の世話に多大な労力を求められてきた大勢の人たちが、不安な老後を迎えることとなってしまう。時間はもうない。

河上肇は『貧乏物語』のなかで「はたらけど　はたらけどなおわが生活楽《くらし》にならざりじっと手を見る」という石川啄木の句をひきながら、こうした貧しさにあえぐ人びとが先進国に多数いる状態を「二十世紀における社会の大病」と呼んだ。この「大病」が世界規模の戦争という惨禍をもたらしたことは誰もが知っている。

「平成における社会の大病」を生みだした「平成の貧乏物語」。私たちはどうすればよりよい未来を構想することができるのだろうか。あるいは、逆境に耐え、なすすべもなく、ただ黙ってじっと手を見るしか方法はないのだろうか。

救うこと、保障すること

河上は、現状をなげくだけではなく、彼なりの解決策を示そうと必死だった。たどりついた結論は、「富者の奢侈《しゃし》廃止」、つまり、富裕層にぜいたくをさせないことだった。そして、経済活動を国家の管理のもとに置く「経済上の国家主義」を提案するにいたる。

経済上の国家主義と呼ぶかどうか、もっと思いきって言えば、私たちが社会主義をめざすかどうかは別として、お金持ちのぜいたく廃止という提案を現代風に表現するならば、彼らに課税し、低所得層にこれをくばる「所得再分配」をさすこととなるだろう。河上もイギリスの政治家ロイド・ジョージの演説を引用しながら、こうした方向性に共感を示している。

だが、執筆者のひとりである井手英策さんが論じてきたように、所得格差をめぐる最大の問題は、所得再分配に対する政治的な共感が容易に成り立たないことにある（井手英策『幸福の増税論』岩波新書、井手英策・今野晴貴・藤田孝典『未来の再建』ちくま新書）。

所得再分配が支持されない理由の背景には、私たちのおかれている時代状況がある。

まずこの章で確認したように、「困っている人」は、一部の貧困層だけではない。所得が連続的に減っていったことによって、いわゆる中間層のなかの少なからぬ人たちが低所得層との境目へと吸い寄せられている。

また、所得じたいは仮に問題がなかったとしても、ダブルケアや8050問題に示されるように、希望する仕事につけない、継続できない人や、将来に絶望するほかない人たちも増えている。さらには、LGBTなどのセクシャルマイノリティ、精神疾患、発達障害をかかえる人たち、海外から訪れた労働者など、「困りごと」の中身も多様化している。

このような時代の変化のなか、経済的指標という「単一のものさし」を使って一部の貧困層を救済しようとすれば、その救済の網の目からこぼれ落ちる大勢の人たちの失望を買うこととなる。

これは憶測ではない。国際的に見ると、所得再分配政策に合意する人の割合は、日本では非常に少ない。それどころか、自分が「豊かになるためには他者を犠牲にしなければならない」との問いに賛成する人たちの割合も、1990年の24・8%から2010年には38%に増えている（『国際社会調査プログラム』『世界価値観調査』）。

歴史的に見るならば、大勢の人が将来不安におびえる状況は、危機と呼ばれる。貧弱な福祉、小さな政府で知られるアメリカが、世界大恐慌に飲み込まれたときの様子を見てみるとおもしろいことに気づく。

フランクリン・ルーズベルト大統領は、一九三五年に「社会保障法（Social Security Act）」を成立させたが、そのときの署名演説で「私たちは、平均的な市民とその家族に対して、仕事を失うことや貧困に苦しむ高齢者を保護するための、なんらかの手段を提供する法律を策定しようとしてきた」と述べた。

この発言にこそ問題の核心がある。それは、危機の時代に求められたのは、「貧困に苦しむ人たち」を「助ける」ことではなく、「平均的な市民とその家族」をも「保障」の対象とするような政策だったということだ。

気をつけてほしい。これはヨーロッパで起きたことではない。福祉に冷たいアメリカで起きたことなのだ。世界大恐慌に社会が揺さぶられ、大勢の人たちが将来不安におびえる状況で彼らが追求したのは、「救済」の方法じゃなかった。「保障」の可能性だったのだ。

現在の日本でも同じことが言える。所得格差をなくすことに対して、日本人の多くが関心を示さない一方、「国民みなが安心して暮らせるよう国は責任をもつべき」という問いに対しては明確に支持が高まっている。1990年に63・2%だった賛成者の割合は、2010年には76・4%へと増大しているのだ（『世界価値観調査』）。

人びとが求めるのは「誰か」を助ける政治ではない。「みんな」が安心できる社会、死ぬまで人間らしく生きていくための「保障」なのだ。この方向性の重要性、それは読者のみなさんがもっとも切実に感じているのではないだろうか。

「必要の政治」へ

状況は変わった。私たちは、河上と同じ問題意識を持ちながらも、彼の示した「救済」のロジックを作り替えなければならない。

そうした問題意識から、井手さんは所得制限を可能なかぎりゆるめながら、低所得層や中間層も含めたすべての人びとの基礎的な生活を保障するという提案をした。介護、医療、子育て、教育、障害者福祉といった人間の基礎的なサービスを「ベーシック・サービス」と位置づけ、すべての人びとの生存・生活保障を行うように求めたのである。

　もちろん、すべての人びとの暮らしを保障するとすれば、一部の富裕層への課税だけではお金が足りない。だからこそ、低い税率で多大な税収をもたらす消費税を軸として痛みの分かちあいの領域を作りながら、これに所得税の累進性の強化、富裕層では負担が頭打ちとなっている社会保険料の改正、法人税率の引きあげなどの富裕層への課税を組みあわせ、豊かな税収と社会的な公正さを両立させるべきだと井手さんは訴えた。

　以上は、政治のベクトルを救済という限定化の方向から生存・生活の必要という共通化の方向へと大きく変えようという提案だった。

「ソーシャル・セキュリティ」をさらに押しすすめ、すべての「命と暮らし（＝life）」を保障する「ライフ・セキュリティ」に編み変えていくことは、「救済の政治」を「必要の政治」へと転換することにほかならない。つまり「困っている人を助ける」から、「みんなの必要を満たす」への政治思想の転換である。

　さらには、消費税を軸とした税制改正を行えば、低所得層や外国人も負担者となる。彼らが納税者としての責任を果たすからこそ、さまざまなサービスは「与えてもらうもの」

ではなく、納税者の「権利」に変わる。これに富裕層への課税を組みあわせ、本当に公正な社会を作り出すことができる。

以上の「必要の政治」という新たなモデルの持つ、格差の縮小効果、政治的合意形成の容易さ、社会的スティグマからの解放、社会的分断の緩和といったメリット、そして想定される批判については最後の章で触れよう。

本書の執筆者は、以上の提案に、河上と同じゴールを見つめながらも、「平成の貧困物語」を乗り越えていく新たな可能性を感じたメンバーだ。私たちは、貧困層だけではなく、低所得層や将来不安におびえる中間層も含めた、すべての人たちの命と暮らしを徹底的に保障すべきだと考えて集まった。

だが、これはファイナルアンサーではない。これから考えていくのは、生存・生活の保障の問題じゃない。私たちが論じるのは、一人ひとりが生きていく、暮らしていく権利を保障されたその先に出てくるさまざまな問題への答えである。

人びとの困りごと、生きづらさの背景はとても多様なものになっている。だが、国や地方自治体には、個別のニーズに対応する力は、人的にも、経済的にもない。だからこそ、ライフセキュリティによって社会のメンバーに共通のニーズをいったんは満たしあったうえで、さらに一人ひとりが直面している生活課題をどう乗り越えていくのかについて、まったく新しいフレームを考えなければならない。

こうした問題意識は、ジェンダー、人種、民族、障害、性的な指向といった特定のグループの権利擁護を重視する政治、「アイデンティティ・ポリティクス」と共通するところがある。貧しい人たちや外国人も含めて、誰もが生きていく、暮らしていくことが可能になったとしても、少数者の権利をどう保障するかはその後にも続く、重要な問題だ。この点は、最後の章でもあらためて考えたい。

だが、少数者のアイデンティティが重要だという問いかけじたいは、決して新しいものではない。19世紀から20世紀初頭にかけて盛り上がったナショナリズム、あるいは植民地の独立運動はまさに民族の問題であったし、奴隷制に対するアフリカン・アメリカンの抵抗、女性の参政権をめぐる闘いは、アイデンティティ・ポリティクスが求められるはるか昔からあった。

さらに気をつけておきたいのは、特定集団の権利を強調しすぎると、その集団のアイデンティティばかりが問題とされ、集団間の不要な対立を生みだしたり、集団の内側に存在する一人ひとりの生きづらさが見逃されたりすることがあるという点だ（ナンシー・フレイザー／アクセル・ホネット『再配分か承認か？』法政大学出版局）。

私たちがこの本のなかで取りあげるのは、「アイデンティティ・ポリティクス」とは似ているが違うものだ。私たちは、一人ひとりの暮らしのなかで生じる、複雑で多様な生きづらさ、そして、今日より素晴らしい明日を構想するすべての人間の自由を問題とする。あえて言えば、「自分とは何者か」という問いすら発せられないような、追い詰められた状況におかれた人たち一人ひとりの、暮らしのありようを問いたいのである。

ライフ・セキュリティによって、生存や生活の基本権が保障されても、なお解決されない個別のニーズ――それは見過ごされ続けてきたものかもしれないし、当事者が気づかずにきたものかもしれないし、いま起きつつあるものかもしれない――をどのように満たしあっていくのか、ここに本書の関心はある。私たちは、人びとの権利も、こうしたニーズの満たしあいの結果として守られるものだと考えている。

困りごとから目を背け、人間を雑にあつかうことに慣れてしまっている社会に対して抵抗の声をあげ、具体的な解決の道しるべを示すこと、これが本書の基本コンセプトである。

【事例1　それぞれが困りごとをかかえている家族】

とはいえ、ここで言う「個別のニーズ」とはいったい何を意味しているのかハッキリしないかもしれない。私たちがいったいどんな困りごと、生きづらさを問題だと考えているのか。いくつかの現実、いやあえて言えば、現実のうちにある「悲惨」のなかから、本書のテーマを浮き彫りにしておきたい。

一つめの物語、81歳夫、83歳妻の2人暮らしのある家庭の話から始めよう。彼らには2人の子がいた。長男とは音信不通になっていたが、長女は独身で近所に住み、時折、両親宅を訪問していた。

この老夫婦は、金銭的には、さほど苦しんでいなかった。それぞれが老齢厚生年金を受給し、合わせると年に300万円ちかい額に達していた。ちなみに、高齢者世帯の平均所得のうち年金・恩給の平均額は211万円程度だ。

妻は、平成27年に脳梗塞をおこし、左半身にマヒが残っていた。翌年には、うつ病を発症し、精神科クリニックに通院した。現在はアルツハイマー型認知症の疑いも指摘されており、要介護4となっている。

夫には若い時から飲酒癖があり、家族に暴力をふるうこともしばしばだった。歳をとり、いくぶん穏やかになってはいたが、脳血管性認知症に苦しんでいた。

妻は高血圧、認知症、脳梗塞のため、近くにある医療機関で受診していた。だが、しだいに受診をいやがるようになり、精神的負担に追いつめられた夫が妻の首を絞めるという事態にいたってしまう。夫は「妻を殺して自分も死のうと思った」と供述したという。虐待事例として、妻は緊急保護され、半年間施設に措置されることとなった。

その後、娘の希望もあり、妻は自宅にもどり、在宅サービスを利用することになった。しかし、娘がヘルパーやケアマネージャーに対して、細々としたことまで口をはさみ、次々と事業所を替えるというきびしい状況が続いていた。

これは娘の希望に沿った選択だった。だがしだいに、娘の口から「もう介護をしたくない」「早く死んでほしい」などという発言が出るようになる。緊急避難的にショートステイを利用することとなったが、その際、妻の身体のあちこちから内出血の痕《あと》が発見された。状況は改善されたのであろうか。残念ながらそうはならなかった。入所後、妻は食事や入浴などのケアを拒否するようになっていったのだ。結局、自宅に連れ帰りたいという娘の意思に逆らうことができず、妻の帰宅は認められることとなった。

娘はパートで働いていたが、実家からの経済支援を受けていた。また、娘にも精神疾患があった。行為のなりゆきを考えない彼女の行動は事態を悪化させていたが、その悪循環に当の本人が気づけずにいた。

その後、妻の介護拒否はさらに強くなり、おむつも替えさせなくなってしまった。それどころか、今度は妻自身が夫や娘に対してものを投げる、蹴るなどの暴力を振るうようになっていった。

最終的には夫の仕返しで妻もけがを負うという最悪の事態となった。妻は、かかりつけ医、ケアマネージャーの説得に応じず、入院、入所を拒み続けた。娘もまた、本人が希望しない限り在宅介護を続けるといって聞かない。打開策はまったく見いだせていない。

【事例2 「8050問題」の現実】

二つ目の家庭の話をしよう。この家庭は、78歳の母親と51歳長男の2人暮らしだった。収入は、母親の年金と長男が働いていた時のたくわえだった。住まいは民間住宅だったが、金銭的にはあまり余裕のある状態ではなかった。

母親には認知症ないし、妄想性障害と思われる症状があり、かつて精神科病院に入院したこともあった。一方、長男にも精神疾患があるように見られたが、彼は10年近くにわたって母親を介護していた。

介護の状況は決して良好とは言えなかった。母親には尿失禁があったが、着替えもしておらず、二人とも一見してわかるほど、やせ細っていた。

遠くに住むおいが心配し、地域包括支援センターに相談した結果、職員がこの家庭を訪問することになった。ちなみに地域包括支援センターとは、介護保険法のなかに定められた機関であり、地域の住民の保健、福祉、医療の向上、虐待防止、介護マネジメント等を行っている。

二人の住む部屋はいわゆるゴミ屋敷で、見るに堪えない状態だった。エアコンや冷蔵庫もこわれてしまっていた。ひどい生活環境だったが、二人は介護サービスを受けることをいやがり、要介護の認定すら受けていないという状況だった。

母親には徘徊癖があり、これまで何度も警察に保護されていた。その都度、警察から地域包括支援センターに連絡が来ていたが、こうした対応にも限界があった。長男に対しても、介護サービスを受けるなり、センターの関与を受け入れるなりするようすすめてきたが、長男はこれを一貫して拒否し続けた。問題が起きているということじたい、彼には気づいてもらえなかったのだ。

同居家族による介護と言えば聞こえはいい。だが、実際にはネグレクト、放置といったほうがはるかに適切な状態だった。世帯分離をはかり、施設入所したほうがのぞましい旨、母親には伝えられたが、新しい環境への不安感から長男との分離を望まなかった。長男もまた支援者に対する不信感が強く、まったく介入できない状態が続いている。

【事例3　発見されない問題、認識されない問題】

三つ目は、高齢者世帯ではなく、年齢の若い世帯で起きたできごとである。

この家族の構成は、45歳の母親、23歳の息子、17歳の娘の三人暮らしである。母親は介護職で働いていたが、うつ病を発症し、入院治療を受けるようになっていた。

暮らしに余裕はなく、現在は傷病手当金を受給しつつ、息子はコンビニで働き、娘は特別支援学校の高等部に在学している。住まいは公営住宅だ。

母親が入院しているあいだ、母親の兄姉が残された子どものことを心配し、彼らの面倒をみていた。というのも、長男には、知的障害のある妹に性的虐待を行った過去があったからだ。

息子は母親や妹に対し、支配的、威圧的な態度を取っており、時に暴力を振るうこともあった。だが、18万円ぐらいの月の給与のうち、その半分を家計に入れて家族の生活を支えていたこともあり、家族もその状況を受け入れざるを得なかった。

母親は今後の生活費の不安から、入院中ではあったが生活保護の申請相談に行った。ところが、その時点での収入が最低生活費を上回っていたため、取りつく島もなく、職員から却下された。本人は退院後、すぐにフルタイムで働くしかない状況におかれた。

ただこの母親のほうにも懸念があった。というのも、入院中にＩＱテストを行ったところ、その数値が60ぐらいしかないことが明らかになったからである。

医師の診断によれば、知的な障害が理由で職場の業務に対応することが難しく、そのためにうつ病が発症したのではないかと考えられた。そこで障害者枠での就労をするよう助言がなされたが、本人には自分が障害をかかえているという認識がなく、また、それを受け入れようともしないため、医師の助言は一向に聞き入れられなかった。

まもなく特別支援学校を卒業する長女の将来も決まっておらず、また非正規雇用の長男の就労の継続にも大きな不安がある。くわえて、母親の傷病手当金が切れると、生活のすべてを長男に依存することになる。長男が追いつめられれば、これまでの威圧的な態度がさらに助長され、暴力が激化するであろうことは、関係者全員が気づいている。

【事例4 「命」と「暮らし」が対立する悲劇】

最後に、ある女性の命をめぐる、医療と福祉のせめぎあいについて紹介したい。

女性の年齢は80代、要介護5で認知症をわずらっていた。彼女の事例が際だつのは、めぐまれた生活環境におかれていたことだ。息子夫婦と孫3名の大家族であり、彼女の代から始めた自営業も経営がうまくいき、息子が社長となった。所得水準でいえば富裕層の部類に入っていた。

彼女が在宅だったときには、ほとんどベッドのうえで暮らしていた。食事があやまって咽頭《いんとう》や気管に入ってしまう「誤嚥《ごえん》」がたまにあり、それが原因で肺炎になる危険があると医師から指摘されていた。

認知症のBPSD（認知症にともなって起きる周辺症状）のうち、大声で寂しいと何度も訴える症状やひとりごとを繰り返す症状が見られた。彼女は大家族で暮らしていたため、献身的ともいうべき家族介護がなされていたが、だんだん家族も疲労に耐えられなくなり、小規模多機能型居宅介護（以下事業所）を利用することにした。

事業所では、彼女の訴えやひとりごとを受け止める支援からはじめられた。歩くことはできなかったが、座ることは可能であり、車いすでの自走が勧められた。その他、彼女の事業所での役割として、得意な編み物をしてもらう時間が設けられた。なじみの道具と材料を用いての活動だった。

数カ月もすると、彼女の状態は、みるみるうちに改善していった。

車いすでの自走ができるようになり、非常にゆっくりとではあるが、事業所のなかを自由に往来することもできるようになった。訴えやひとりごとは続いた。だが、同じ言葉の繰り返しは減り、訴えやひとりごとの幅も広がっていった。彼女はその時どきに感じた思いを表現するようになったのだ。

特に編み物の効果は大きく、それをやっている間は、ひとりごとも訴えも聞かれなかった。何よりも関係者をおどろかせたのは、嚥下《えんか》機能が改善したことで、ほとんどむせることなく食事を取ることができるようになっていた。明らかに笑顔が多くなり、家族も彼女の変化を心から喜んでいた。

そんな折である。彼女が自宅でベッドから転落し、大腿骨頸部《だいたいこっけいぶ》を骨折してしまった。

こうして整形外科での入院生活がはじまった。病院は、暮らしの場ではない。治療をする場ではあっても、ケアをする場ではない。事業所側は、家族にもそのちがいを説明し、手術が終わればすぐに自宅や事業所での暮らしを再開すべきだと強く助言した。

しかし、手術が終わっても退院の許可はでなかった。それどころか、訴えやひとりごとが多いとの理由で、向精神薬が多量に投与された。そして、その副作用として、嚥下障害が再発し、誤嚥があるからとの理由で、胃ろう造設の手術が行われてしまった。そのあげく、あろうことか、彼女は病院で医師が心配していたはずの誤嚥性肺炎を起こし、帰らぬ人となってしまった。入院してからたった2カ月のできごとだった。

ありふれた悲惨

悲惨というしかない現実。

しかし、その悲惨な現実は、年齢、男女の別、所得の多寡を問わず、日々、あちこちで起きている。しかもそれが事件として扱われたり、悲劇の物語として語られたりするのは、最悪の事態を招いた場合だけだ。無数の悲惨な状況がこの社会では発見されることなく、あるいはなすすべもなく、野ざらしにされている。

さらに深刻なことに、何らかの問題をかかえてしまった家族があり、そのなかで生みだされている「共依存」ともいうべき関係が、当事者たちを問題の存在にすら気づかせない状況へと追い込んでいる。よりよい状況が期待できるにもかかわらず、人びとは家族の関係のなかに閉じこもり、他者を拒み、事態をいっそう悲惨なものにしているのだ。

むろん、経済的に余裕があり、周囲の声に耳を傾け、よりよい選択に踏みだせる場合もある。だが、「人間の暮らしを支援する」という福祉の領域と「命を守る」という医療の領域とが切り離され、両者がともに重要だという当たり前の視点が見失われている。医療機関の意向や権威が人びとの生活よりも優先され、結果的に命を犠牲にしてしまうという、あまりに割り切れない矛盾した事態さえもが起きている。

いまの日本社会にあふれかえっているのは、貧しい人にお金を与えたり、障害がある人のために施設を整えたりすれば解決するような、そんな類の簡単な問題ではない。孤独にさいなまれ、あきらめと絶望のなかで、命をすり減らしている人たちが大勢いるのだ。

一人ひとりのおかれた状況を理解し、家族や地域も含めた関係者たちの作った環境を受け止め、変えていく、自らの意思を十分に表現できない人たちの暮らし、そして権利を徹底して保障する、そんな仕組みづくりがいま求められているのである。

もう読者のみなさんもお気づきだろう。私たちが共感する「ライフ・セキュリティ」による基本的な生存・生活の保障はきわめて重要なものだ。安心して生き、暮らしていく経済的基盤を整えること、それは人間が人間らしく生きていくための大前提だ。

だが、それらの基礎的な保障が実現し、誰もがなんとか生きていけるようになったからと言って、一人ひとりが本当に幸せになれるわけではない。憲法にある生存権の問題と同時に、幸福を追求する権利をどのように満たしていくのかが、まさに問われている。

そう、いま必要なのは、いとも簡単に日々の暮らしが悲惨へと直結するような状況を変えていくような支援のありかただ。そして、その問いへの答えこそが、「ソーシャルワーク／ソーシャルワーカー」だと私たちは確信している。

福祉の現場には数え切れない仲間たちがいる。だが、単にサービス提供者としての責任を果たすだけではなく、利用者の意思を尊重するために、彼らがおかれている環境や状況をどう変えていくのかをたえず問い返していく想像力が必要ではないか——この本は、日本中の福祉の現場で格闘する人たちへのメッセージ、叱咤激励のために書かれた。

生まれた地域、育った地域のなかで人間らしく生き、暮らすという当たり前の権利を保障するために、何が問題なのか、それをどのように克服すればよいのか。ソーシャルワークの第一人者たちと研究者が提案する「不安解消への処方箋」、それが本書である。

ソーシャルワークとは何か

以下の各章では、「ソーシャルワーク」という仕事／支援のありかた、「ソーシャルワーカー」と呼ばれる人たちに期待される役割、責任について考えていく。そのうえで、「必要の政治」の理論を拡張しながら、人口減少と経済停滞が予想される21世紀の日本社会のこれからを展望していく。

まず、ここで言うソーシャルワークとはいったい何をさしているのか。理論と現実の二つの面から、この問いにアプローチしてみよう。

ソーシャルワークが誕生したのは19世紀のことだ。イギリスを中心とするヨーロッパに起源を持ち、アメリカを経由して欧米各国にその理論と実践の足あとを残してきた。

専門職としてソーシャルワーカーが台頭したのは20世紀はじめと言われている。ソーシャルワーカーとは、実践を通じて、社会構造をおびやかす問題に立ち向かい、人と社会の福祉（wellbeing）にマイナスの影響を与える状況を是正する人たちのことをさす（ブレンダ・デュボワ／カーラ・K・マイリー『ソーシャルワーク』明石書店）。

日本におけるソーシャルワーク専門職は、日本医療社会福祉協会、日本社会福祉士会、日本精神保健福祉士協会、日本ソーシャルワーカー協会の4つの団体に分かれている。

ちなみに、一般的にソーシャルワーカーと呼ばれているのは、社会福祉士や精神保健福祉士の国家資格を持つ人たちのことである。暮らしの困難をかかえるすべての人びとを支援の対象とするのが社会福祉士であり、精神心理的状況に困難のある人をもっぱら支援の対象とするのが精神保健福祉士である。この分離の不毛さについては第３章で取りあげることとして、ひとまず話を進めよう。

「集団的な責任」が意味するもの

以上から構成されている「日本ソーシャルワーカー連盟」は、約１２０カ国の団体で形成された「国際ソーシャルワーカー連盟（ＩＦＳＷ）」に加盟しており、またＩＦＳＷにおけるソーシャルワークの国際定義を採択している。

国際定義の日本語訳は次のとおりである。

「ソーシャルワークは、社会の変化と開発、つながり、そして人びとのエンパワメントと解放、これらを促進するような、実践をベースとした専門職であり、学問分野である。ソーシャルワークの中心となるのは、社会正義、人権、集団的な責任、および多様性の尊重といった諸原則である。ソーシャルワークは、ソーシャルワーク、社会科学、人文学、そして地域や民族に固有の知からなる諸理論を土台としながら、暮らしの課題に取り組み、幸福や健康といったウェルビーイングを高めるべく、人びとやさまざまな構造に働きかける。この定義は、各国および世界の各地域で拡張されうるものである」（2014年7月メルボルンにおいて採択、翻訳は筆者らが行ったもの）。

ソーシャルワークの理論については第2章でくわしく述べる。ここでは、この国際的な定義をもとに、どんな発想でこれまでソーシャルワークが議論されてきたのかについて、考えてみることとしたい。

こうした国際定義は、これまで何度か修正されてきた。最新の定義のなかで追記されたのは、「集団的な責任」と「多様性の尊重」である。

まず、後者にかんして、そもそもの話、個人の自己決定を出発点とするような幸福の追求権が保障されていさえすれば、必然的に多様性が尊重される状況になるはずだ。多様性を否定する社会が幸福を実現できないのは自明のことだろう。

だが、それ以上にここで注意しておきたいのは、この「多様性の尊重」が、定義の注のなかにあげられた「人種・階級・言語・宗教・ジェンダー・障害・文化・性的指向などにもとづく抑圧」だけをさすわけではないということだ。

さきにも触れたように、抑圧される側、在日外国人、被差別部落出身者、障害者、LGBT、女性というそれぞれの集団の内部においても、一人ひとりの多様性が認められなければならない。例をあげるとするならば、障害者や障害者の団体のなかにも、障害に対する多様な受け止めかたがあってよい、ということだ。

一方、前者の「集団的な責任」は慎重に理解する必要がある。「集団的な責任」は意味が理解しづらいうえ、その「集団」のなかに生きづらさをかかえている人たちまで含まれうる。もし、排除されている人びとにまで「集団的な責任」が押しつけられるとするならば、明らかにそれは本末転倒だし、排除されている人たちの「自己責任」を求めるような、不毛な議論につながりかねない。

ここで言われる「集団的な責任」の前段として、「集合した人たちの責任＝集合的な責任」を押さえる必要がある。

選択の余地もなく生まれでた社会とは異なり、「集合」するという選択をし、その選択の結果として特定の集団に属した場合を考えよう。その集団が他者を排除したとき、その集団の一員としての責任は、当然、問われてしかるべきだろう（中島康晴『地域包括ケアから社会変革への道程【理論編】』批評社）。

以上の区別、手続きをきちんと踏まえていれば、集団に属する選択の幅がなかった／せまかった人たちへの配慮が必要なことが理解できるし、一人ひとりの暮らしの困りごとに対して、「社会の構成員としての責任」が存在するということが確認できるだろう。こうしてやっと、貧困・障害・疾病・差別などにおける「自己責任」論に対抗するロジックとして、「集団的な責任」を位置づけることができるようになる。

個人の暮らしのなかにある困りごと、生きづらさに対する責任を、その個人に押しつけてよしとする自己責任論に対して、私たちは徹底して批判的態度を取っていく。

「エビデンス重視」でよいのか

もう一点、確認しておきたいのは、この国際定義のなかで、「地域や民族に固有の知」について触れられている点だ。

三島亜紀子は、以前の国際定義からの変更点の一つとして、調査研究と実践評価から導かれた実証に基づく知識、「エビデンスにもとづく知(evidence-based knowledge)」が削除され、「地域・民族固有の知」に置き換えられた点をあげている(三島亜紀子『社会福祉学は「社会」をどう捉えてきたのか』勁草書房)。

じつは、「エビデンスにもとづく知」を基盤としたソーシャルワークの実践に対する批判は、すでに2000年代の初めころから世界的に見られるようになっていた。

イアン・ファーガスンは、「証明可能な実証的根拠」じたいが、政策立案者にとって心地のよいものであるように誘導されている現実を暴き出した。ようするに、政策立案者の主張をサポートするために科学的な装いが利用される危険性がある、ということだ。

また彼は、科学を実践に適用し、リスクとなる要因を取り除くことで、ソーシャルワークに必ずともなう不確実性や偶然性がないがしろにされる、とも言う。

不確実性や偶然性をのぞければ、「ソーシャルワークをやっかいで問題の多い専門職にしてしまうような側面」もなくせる。だが、そうしたリスクこそが当事者にとっての困りごとなのであり、これと向きあわないとすれば、人びとの権利擁護や幸福、健康といった本来の目的は犠牲となるだろう（イアン・ファーガスン『ソーシャルワークの復権』クリエイツかもがわ）。

国際定義がいまはやりの「エビデンス」重視から距離を取った理由のひとつは、教育のパラダイムシフトとも関係している。それは、知識を獲得することを競いあう「獲得としての学習」から、参加することで学びを得る「参加としての学習」への転換だ（高橋満・槇石多希子編著『対人支援職者の専門性と学びの空間』創風社）。

人びとの困りごとや生きづらさが多様で複雑だという理解からはじめるならば、ソーシャルワークは、サービスを利用する人たちとソーシャルワーカーとの対話、いわば「行きつ、戻りつ」のコミュニケーションをつうじて実践されなければならない。

これをより長いスパンからとらえ返せば、ソーシャルワークの知は、先住民も含めたすべての人びとがともに作り出してきたものの蓄積であり、しかも多様で複雑、かつ地域的でユニークなものであるからこそ、「実証に基づく知識」から「地域・民族固有の知」へと置き換えられなければならない、ということだ。

現代のソーシャルワークは、まさに「参加としての学習」に示されるような、学びの連鎖として位置づけられるべきだ。支援者が要支援者にサービスを提供する「一方通行」的な関係ではなく、人びと・家族・地域住民との対話やかかわり、そして、彼らとの協働を通じて人間の健康と幸福を実現するための知を創出していくのである。この点は、第4章でより具体的に論じられるだろう。

以上は、つまるところ、「社会の変化と開発、つながり」における「社会」とは何を意味するのかという問題に行き着く。社会とはどこかにあるものではない。人びとのより身近で影響をおよぼせる「地域」や「組織」のなかに埋もれた資源を発掘し、ときには開発・創出しながら、他者との対話と関係構築を積み重ねるなかで形づくられる、総体としての環境、それがソーシャルワーカーにとっての「社会」なのである。

このような観点からすると、これまでの国際定義が共通して「社会を変えること」すなわち「社会変革」に言及し続けてきたことには重要な意味があったということになる。というのも、参加としての学習とは自分自身、そして自分の周囲の環境をたえず変化させることを意味しているからである。

国際定義のなかに「人びとやさまざまな構造に働きかける」という一文がある。ソーシャルワークの核心は、まさに人びとのまわりにある社会、生きづらさを生みだす環境そのものを変えていくことに求められる、ということができるだろう。

【事例5　ケア＝気にかけるということ】

以上は、ソーシャルワーク／ソーシャルワーカーの理論、理念の一部であるが、共有していただけただろうか。

では、ソーシャルワークを意識したり、ソーシャルワーカーが存在したりすることによって、どのように「生きづらさ」が緩和され、「社会が変わる」のか。もう一度、現実の事例にかえって考えてみたい。

これはある事業所の物語だ。

一人で外出をし、行方不明になる可能性のある人たち数名がこの事業所を利用していた。そのなかのひとり、Aさんは、事業所から3キロほどはなれたところに住んでいたが、

「一人外出」で行方不明になることが多く、屋外での転倒や交通事故が心配されていた。

そこで事業所は、2008年に、Aさんを含めた三人の「一人外出」のある人の見守りを地域住民に依頼するため、公民館で認知症サポーター養成講座をもうけ、依頼文を自治会の回覧板をつうじて共有することにした。

この依頼文には、認知症という症状のかんたんな解説や「一人外出」の意味、目的、さらには、三名の顔写真、外出する際によく使う経路などが書かれ、地域の集会所を使って説明会がひらかれた。

翌2009年以降は、「一人外出」の目立つAさんを中心とした協力依頼へと力点がうつされ、職員は、Aさん宅までのルートにある家を一つひとつ訪問し、Aさんを見かけたときにAさんに納得してもらえる声かけの方法を具体的に説明して回った。

もちろん、以上は本人・家族に説明をし、同意を得たものである。このような取り組みに対しては、よく個人情報の問題が取りざたされる。だが、個人情報を振りかざし、利用者の利益、状況の改善を怠ることが正しいと言いきれるだろうか。実際、きちんと説明をすれば、ほとんどの本人・家族が同意してくれるのが現実である。

その時どきの問題を職員がかかえこむのではなく、地域に「ひらいて」いくことで、地域の人びとに認知症のある人への理解をうながし、住民どうしの連携を強めることも可能となる。これが「リスク」となる要因のなかにある「可能性」に着眼した、ポジティブ・リスクマネジメントである。

職員は、早歩きで「一人外出」をしているAさんの姿を見つけると、その後をついて歩き、拠点に一緒にもどるということを何度も繰りかえした。また、Aさんと職員が歩いて帰る途中、職員は意識的に地域の住民とAさんを交えたあいさつや日常会話を行った。

こうした実践を続けていくと、明確な変化があらわれるようになった。

事業所付近の住民だけでなく、同じ地域のそれ以外の住民も、Aさんの「一人外出」の際に、家の前で休ませる、声をかける、車に乗せるといった具合に、気にかけてくれるようになったのだ。Aさんへの協力依頼からわずか10カ月のできごとである。

ところが、状況が変わると利用者も変わる。住民からの声かけに慣れてしまったAさんは、住民の呼びかけに応じることなく、「一人外出」を続けるようになったのだ。

住民サイドも黙ってはいなかった。ある住民から「まずは、事業所に電話しよう、電話なら気軽に居場所を教えてあげられるから」という提案があり、それが瞬く間に近所仲間に広がっていった。事業所にとって大きなサポート体制が整った瞬間だった。

2010年になると、Aさんの「一人外出」の目的の一つ、「家に帰りたい」という気持ちを大切にしようと、職員も自宅まで3キロの道のりを付きそって歩くようになった。

じつは、職員は、当初、事業所内で過ごしてもらえるような気分転換を考え、洗濯物たたみなどの家事や、レクリエーション、「一人外出」をしようとしたらお茶を出すなどの場当たり的な支援を行っていた。

だが、地域住民からの協力を得るなかで、自信をもってAさんと向きあうことができ、地域住民に対する感謝の念と、それでも「一人外出」を続けるAさんの気持ちに想いを馳せるようになっていったのだった。

「ねえ、家はどこにあるの？」「○○にあるんですよ」「まあ、足が元気なんだね、おばあちゃん」「暑いなかをよく頑張って歩いているんだねぇ」「このあたりは車が多いので気をつけて歩いてよね」「溝が多いから落ちないように気をつけてね」——こんな会話が気軽に交わされるようになった。

それだけではない。Aさんの変化を長らく見守ってきた地域住民からは、「Aさん、笑顔がたくさん見られるようになったね」「よくお話をされるようになったね」とAさんの幸福を願い、喜ぶ声が頻繁に聞かれるようになっていった。

地域住民のさらなる行動の変化に職員は衝撃を受けることとなる。住民の他者に対する気遣いや支援がAさん以外の利用者にも向けられるようになったのである。

「あそこらへんを、紫のスリッパ履いたおばあちゃんがウロウロしていたよ。あなたたちの事業所の利用者じゃないと思うけど、困っているように見えたので、行ってみてあげて」「独り暮らしの○○さんが家のなかで転んで骨を折ったらしいよ。近所なので見にいってあげて」など、事業所の「利用者」以外の、暮らしに困る「人びと」に対しても、地域住民の目が向くようになったのである。

心配だから見にいってほしいと要望するだけではない。そんなときには、声をかけてくれた地域住民も職員と一緒に困っている人のところを訪れてくれるという。

職員が働きかけ、利用者や地域住民が絶えず変化し、それを受けて職員もまたアプローチのしかたを変える。そうした変革の積み重ねの先に、互いが互いを「気にかけあう（＝ケア）」、そんなひとつの家族のような地域社会が作りあげられていったのである。

【事例6　いまある資源を活かし、つなぐ】

最後にもうひとつ、心温まる物語を紹介しよう。

家族構成は、本人Bさん25歳　父67歳の2人暮らしだ。母61歳は、数年前から別居し、音信不通、兄29歳は結婚し別世帯だ。自分の家に住み、ローンもない。

Bさんは、高校を卒業したあと、看護師だった母親の強い希望があり、看護学校に入学した。はじめの1、2年は遅刻も欠席もなく通学していた。しかし3年になって実習がはじまると、頭痛や不眠など心身の不調が続くようになり、メンタルヘルス科への受診を看護学校の教師からすすめられた。

Bさんは「適応障害」と診断され、結局学校は中退してしまった。その後はアルバイトも含め、就労経験がないまま自宅に引きこもりがちで数年が経過した。

Bさんの父は65歳で定年した後も、パートで働いていた。老齢厚生年金とパートで、月三十数万くらいの収入がある。

あるとき、父にステージⅢの胃がんが見つかり、手術を受けることになった。入院中父は病院の医療ソーシャルワーカー（以下、ワーカー①）にこれからの生活や娘の将来について相談する機会をもった。

じつは父には家を出た妻の残した多重債務があり、その返済に苦しんでいた。ワーカー①は多重債務の問題を解決するために、法テラスに相談することを助言し、同行してアドバイスをしてくれた。退院後の父の生活を支えるための公的な制度も紹介され、父の経済的・社会的な生活基盤も安定するようになった。

父が一番心配していたのは娘のBさんの将来だった。ワーカー①は「生活困窮者自立相談支援事業」を紹介し、退院してまもなく、父はその窓口に相談に訪れた。窓口のもう一人のソーシャルワーカー（以下、ワーカー②）が話を聞いたうえで自宅を訪問し、Bさんと面接した。

Bさんの生活は、深夜は漫画やスマホゲームに没頭し、昼過ぎまで寝ているという荒れた暮らしぶりだったが、一人で買い物に行き、簡単な調理なら自分でやれていた。

Bさんは強い拒否こそしないものの、なかなか話が進展することはなかった。数回の訪問を繰り返すなかで、ワーカー②は、父が同席すると話しにくいということに気づき、Bさんとの単独面談をすることにした。

その面接で、Bさんは母の強い希望に逆らえず、対人関係が苦手にもかかわらず看護学校に進学し挫折を味わうこととなったと話した。そして、そのなかで母が多額の借金を残して家出し、父親がそのために定年退職後も働き続ける様子を見ていたが、高圧的で一方的な父親がじつは苦手だった、と告白した。兄は結婚して小さな子どももいるため頼りにはならず、また実際、家に寄り付きもしないという状況だった。

彼女自身、何とかしなければと思っていた。だが、親族や近隣との付きあいはなく、もともと学校時代から孤立がちだったBさんには相談相手もなく、そんな時父ががんになり、申し訳なさと自分への歯がゆさで自殺も考えたと心情を吐露した。

ワーカー②は、まず精神科クリニックで診断を受けることをすすめ、同時に就労支援の事業があることを紹介した。Bさんは精神科クリニックで発達障害の診断を受けた。そして、そのクリニックのさらに別のソーシャルワーカーから、発達障害の相談を受けてくれる機関や自助グループの紹介を受けた。しだいにBさんの心は打ち解けていき、SNSをつうじてのつながりも持てるようになってきた。

またワーカー②からは、生活習慣の見直し、コミュニケーション力のトレーニング、ボランティア活動による体験、履歴書の作成やハローワークへの同行など、さまざまなサポートを受け、現在、Bさんは自分の適性を生かした職場で働けるようになっている。

父も娘の将来に少し希望が見えたことで、自分の病気だけに向きあえるようになった。父は「これからも自分や娘はさまざまな困難に出会うと思うが、そんな時必ずどこかでソーシャルワーカーが手を差し伸べてくれるだろうと信じている、それが生きる希望につながっている」と、最初に出会ったワーカー①に語った。


いかがだろう。ソーシャルワークとはどんなもので、ソーシャルワーカーとはどんな存在なのか、その雰囲気だけでも伝わっただろうか。

人間が安心して生きていく、暮らしていくための方法を考えるとき、私たちは「政府に何をしてほしいか」という議論を組み立てがちだ。だが、「どんな社会に変えていきたいのか」、その目的を現実のものとするために「どんな人たちが必要なのか」について、これまでどれくらい真剣に考えてきただろう。

これから私たちは、あるべきソーシャルワーカーの姿、分立、分断されている組織や制度の状況、「専門性」の名のもとでソーシャルワーカーが支配者となる危険性について語っていく。それだけじゃない。政府の果たすべき役割にメスを入れつつ、ソーシャルワーカーと地域が新しいつながりをつむぎ出すことによって、私たちの社会全体がどう変わるのか、じっくりと論じていく。

そう。この本は、よりよい未来を待ち望む人たちではなく、よりよい未来を暮らしの延長線のうえに作り出す、そんな身近な主人公たちの物語なのだ。

第2章 ソーシャルワークの原点とは？

——課題を乗り越えるために

中島康晴

「パーソナリティの発達」のために必要なもの

みなさんは、「ケースワークの母」と呼ばれるメアリー・E・リッチモンドをご存じだろうか。

「ソーシャル・ケース・ワークは人間と社会環境との間を個別に、意識的に調整することを通してパーソナリティを発達させる諸過程からなり立っている」(リッチモンド『ソーシャル・ケース・ワークとは何か』中央法規)。ちょうど今から100年ほど前、リッチモンドは大切な問題を私たちに示してくれた。だが悲しいことに、現代を生きる私たちは、いまだに彼女の問いへの回答を持ち合わせていない。

リッチモンドが注目したのは、「パーソナリティ」だ。直訳すれば「人格」である。ここで言う「人格」は、身体・精神的機能や遺伝といった人間の内部要素と、伝統・教育・宗教・政府・社会関係などを含んだ社会環境との相互作用から形成される。言ってみれば、その人のアイデンティティや自我を形づくる「土台」のようなものである。

私がリッチモンドに注目する理由はシンプルだ。彼女は、ソーシャルワークの目的を人間の「パーソナリティの発達」ととらえ、そのための専門性が必要であることを明確に示した。この「パーソナリティの発達」に多大な影響をおよぼす社会環境とその変容に注意をうながしつつ、同時にパーソナリティの個別性や多様性をも重視した。100年近く前の主張とは思えないほど、ソーシャルワークの核心をついている。

リッチモンドは訴える。「パーソナリティの発達」を実現するには、支援する側が「各々の人間が有している独自の特性について高度の敏感さ」を持ち、「各個人の中に独特な卓越した部分を発見し解放すること」が大事だ、そして支援される側を含め支援に関与したすべての人びともまた「能力を出しきって」「積極的な役割を演じる」ことができてはじめて、社会環境それじたいが変化していくようになる、と（前掲『ソーシャル・ケース・ワークとは何か』）。

リッチモンドの思いは、2000年から直近の2014年に至るまで国際ソーシャルワーカー連盟（International Federation of Social Workers：IFSW）が強調してきた「人びとのエンパワメントと解放」によって端的に言い表されている。

エンパワメントとは、サラ・バンクスによれば、「利用者がよりいっそう社会参加できるように、利用者の技能や自信を高めること」をさす（サラ・バンクス『ソーシャルワークの倫理と価値』法律文化社）。

そもそも、社会から排除されている人びとの「技能や自信を高める」ためには、彼らの居場所や活動の場、役割を社会に作り出すことが欠かせない。そうした場所や役割を作り出すためには、制度や仕組みはもちろんのこと、周囲の人びととの関係構造やアイデンティティなども含めた「社会環境」を、より人間の尊厳を保障する方向へと変えていく努力が求められるはずだ。

だが残念ながら、いまの日本のソーシャルワーカーにこうした問題意識は希薄だと言わざるを得ない。

「解消」と「解放」の相違点

リッチモンドが用いた「解放」という言葉にも注意したい。この言葉は、一見すると「解消」という言葉と似ているが、ハッキリと一線を画すものだ。

栗原彬は差別や排除はけっしてなくならないと悲観的な見かたを示し、こう語る。

現実には差別はなくならない。それはなぜか。／私はポイントは二つあると思う。／第一に、政治権力にとって、差別はすぐれて政治的機能をもつが故に、権力のエコノミーとして差別は保全される、ということである。政治権力が、特定の政治目的を達成しようとするとき、また社会統合を進める際、差別の効用はきわめて大きい。更に政治権力は、差別が競争型の市場において利益を上げる上で利用価値が高いことを見出してきた。／第二に、近代化の啓蒙に伴ない、「差別は悪い」という言説が一般化したことである。タテマエになったこの言説は、人を差別の前で素通りさせる。（遮断するまなざし！）。差別意識は、ことばをもち、世界をカテゴリー化することなしには生きられない人間という種に根源的な意識である。（栗原彬「差別とまなざし」『講座差別の社会学2　日本社会の差別構造』弘文堂）。

栗原の指摘を正面から受け止めれば、差別や排除を考える際、それを「解消」するという発想でよいのかという、難しい問いと向き合わなくてはならなくなる。

たとえば、平成25年に制定された「障害者差別解消法」をどう考えればよいのだろうか。もし差別そのものがなくならないとするならば、差別の「解消」をめざした結果として、「消えてなくなった様にわからなくしてしまう」という事態が生じるかもしれない。つまり、差別の「解消」は、差別を潜在化・埋没化させる方向に人びとを誘導する危険性をはらんでいるのだ。

だからこそ強調したい。「人びとのエンパワメントと解放」における「解放」には、本質的な問題を曖昧化・埋没化させる「解消」とは別の意味が込められている。「解放」をめざす限り、ソーシャルワーカーは、曖昧にされ、目に見えなくされそうになっている問題を明るみに出し、その問題から人間を解き放つことが求められているのである。

ソーシャルワークと「障害の社会モデル」

この「解消」と「解放」を区別する視点は、「障害の社会モデル」という考えかたでも共有されている。

「国際生活機能分類（International Classification of Functioning, Disability and Health）」という指標がある。これは人間の生活機能を分類する国際指標だが、ここにあるのは、「人びと」と「社会環境」の接点に介入し、バリアフリーを普及させさえすれば障害のある人も「できるようになる」という考えである。

注意しよう。この「できるようになる」は、「同化する」と紙一重である。「同化」のプロセスでは、障害を持つ人びとは「できない身体」「異なる身体」として、社会から否定的に位置づけられる。そうなると、独自性を尊重する「異化」の視点は抜け落ちてしまうだろう。だからこそ、「同化」と「異化」、双方の視点から社会統合をめざす「障害の社会モデル」が必要とされるのだ（河口尚子「解題　障害学にもとづくソーシャルワーク」マイケル・オリバー、ボブ・サーペイ『障害学にもとづくソーシャルワーク』所収）。

マイケル・オリバーとボブ・サーペイによれば、ソーシャルワーカーの多くは、「障害の個人モデル」に囚《とら》われているという（前掲『障害学にもとづくソーシャルワーク』）。「障害の個人モデル」は、障害者が経験している問題をインペアメント（機能障害）にストレートに結びつけて理解している。そうなると、専門職の仕事は、障害者の論理や個性を健常者の価値規範のなかに埋没させてしまうという意味で、障害者を「無力化」させることとなってしまう。この「無力化」の根底にあるものこそが、差異を認めない「同化」の思想なのである。

それに対して「障害の社会モデル」が目を向けるのは、特定の個人の身体的な制限ではなく、特定のグループやカテゴリーの人びとに何かを強いるような「物理的・社会的環境」である。それゆえ、このモデルにおいて障害者の問題は、社会にとっての問題なのであって、障害者個人の問題ではない、ということになる。

「障害の社会モデル」では、障害者が社会を変える主体性を持つことに光を当てたのも重要である。それゆえ専門職は、「障害者のために（for）」働くのではなく、「障害者とともに（with）」実践するものでなければならない。

だからこそ、「障害者の論理」を「健常者の論理」に当てはめて同化させるのではなく、「障害者の論理」のもとで、差別や排除から障害者を「解放」していくことが求められるわけである。

もちろんこれは、いわゆる障害者にのみ当てはまる問題ではない。いま、多くの人たちが生きていくうえで、さまざまな「障害」に直面している以上、すべての人たちにこの発想はあてはまる。つまり、それぞれの差異が尊重され、多様性を尊重しあう社会の構築こそが、私たちのめざすゴールなのである。

こうした視点が、「利用者がよりいっそう社会参加できるように、利用者の技能や自信を高める」エンパワメントの思想と同じ発想・出発点をもつことは明らかだろう。

ソーシャルワークの実践は、「人びと」の個性と差異を尊重し、「人びと」の主導によって、「人びと」の視点から社会変革を促していくという点において、「障害の社会モデル」とピッタリ重なりあっている。そしてそれは、リッチモンドの時代から求められながら、いまだにたどり着けていない「約束の地」なのである。

制度・政策論の限界

リッチモンドの教えにはもう一つ重要なポイントがある。それは、人間の類似点や画一性を強調する「平等主義」と、「受ける者」にも恥辱を与える「救済」を明確に批判している点にある。

彼女は、「平等主義」に関して、プラトンを引きながら、「平等の本質は異なるものを異なるように扱っていくことにある」とした。そして「救済」とは、「パーソナリティを発達させていく上で単なる手段」に過ぎず、「救済という施し物のみを信頼している限り、その救済はいずれ初期の慈善と同じ様に不満足な結果となる」と断じている。

この考えかたは、人びとの個別性と差異、そして、主体性の尊重に関する議論から出てきたものだが、第1章で指摘した「必要の政治」を考える際の問題提起ともなっている。人間としての尊厳を守るために必要なサービスは、収入の多寡、それぞれの家族がおかれた状況、疾病・障害の程度にかかわらず、すべての人間に対して等しく提供されるべきものだとするのが、「必要の政治」である。それはまさに人間の類似性や共通点に着目したものであり、救済をよしとすることへの異議申し立てであった。

「人間の類似性や共通点に着目した」この「必要の政治」は、瞥見《べっけん》すれば、リッチモンドが批判する「平等主義」と符合しているように映るかもしれない。

しかし、「必要の政治」が示しているのは、制度的サービスの提供範囲・対象を決定する方法すなわち予算執行のありかたである。リッチモンドも、このような予算執行の方法に異論をはさんでいるわけではない。だが、このことを突きつめていけば、財政の範囲をこえた、ソーシャルワークの実践のしかたへとつながっていく。

サービスを「制度」面から見れば、井手英策さんが指摘するように、人びとのニーズの共通点を突き止め、サービス対象者とその範囲を可能な限り広く設定することが求められる。というのも、所得制限を可能な限りゆるめて、多くの人びとが受益者となれば、「救済」によって生じる「人びと」がこうむる恥辱や偏見、差別が低減していくからだ。これに加えて、「受給者」と「非受給者」による分断も軽減されていくだろう。

だが、ソーシャルワークの課題はその先にある。「必要の政治」が制度的サービスの提供にとどまる限り、人びとが経済的不安から解放されたとしても、それぞれの社会参加や技能、自信の向上といった、エンパワメントがめざす目標は実現されない。

さらに言えば、「インボランタリー・クライエント」(非自発的・拒否的な「人びと」)や自らのニーズに無自覚な人たちの「受給漏れ」は解消されないだろう。

このような「人びと」が、サービスに結びつくためには、彼らが自らニーズを示すのを待ち続けるのではなく、ソーシャルワーカーの側から積極的に「人びと」のもとへ足を運ぶか、地域のネットワークによってそのような「人びと」とつながることができなければならない。そしてその際、制度の内容をわかりやすく説明することや、信頼できる他者からの後押しもまた不可欠となる。

ここに制度・政策論の限界があるのであり、逆に言えば、ソーシャルワークがなすべき領域があるのである。

ソーシャルワーカーは専門職か？

人びとのエンパワメントと解放という観点に立ったとき、リッチモンドが重視した「専門性」は、現在のソーシャルワークに対する重大な警告と受け止めるべきである。

昨今の政府の報告書、たとえば、政府の「地域共生社会」の報告書によれば、「ソーシャルワークの機能を果たす者」や「地域にとっての「触媒」としてのソーシャルワークの機能」といった表記がとられているが、これらの担い手であるはずの「ソーシャルワーカー」が、明確に位置づけられていない（厚生労働省「地域における住民主体の課題解決力強化・相談支援体制の在り方に関する検討会」）。

近年、政府は「地域包括ケア」や、これを発展させた「地域共生社会」の重要性を声高に叫んでいる。これらは地域を担い手として取りこみつつ、制度・分野ごとの「縦割り」を解消したうえで、「支え手」「受け手」という関係を再構築し、さらには地域に対する地域住民の主体性をうながしていこうとする施策である。

問題は、これらの「地域包括ケア」や「地域共生社会」が、危機的な財政状況のもとでの費用抑制を目的にしていることである。それゆえ、「自助」や「互助」が強調され、地域住民をサービス提供者にしようとすることが暗に目論まれている。ようは、費用のかからない「非専門職」を活用しようとしているのである。
リッチモンドは、ソーシャルワークにおける複数の機能や役割を統合するのがソーシャルワーカーであり、「訓練を受けたことのない者では知的能力があろうと達成されない」と私たちに呼びかける。
こうした視点は、ソーシャルワークを論ずる人たちに広く共有された見かたでもある。サラ・バンクスは言う。

（地域においてサービスや社会資源を求める人びとを支援する：引用者注）ような介入行為を形成する活動の一部は、ソーシャルワーカーではない人びと、すなわち、ボランティアや家族、別の福祉専門職によって行われるかもしれない、ということに注目することは重要である。しかし、ソーシャルワーカーによって担われる介入行為を、理論的範疇や特化された専門用語の中に位置づけるということは、実践とは、このような方法で構成でき得るときにのみ、ソーシャルワークとして認識されるのだということを暗示している。（サラ・バンクス『ソーシャルワークの倫理と価値』）

あとで論じるように、人間の権利を守ることを通して社会を変革していくためには、価値・知識・技術から成りたつ専門性のうち、まず専門職としての価値、さらに言えば、倫理観を確立しなければならない。そして、この土台のうえに、知識と技術の創造的な活用が積みあげられなければならない。

以上のことを実現できなければ、人びとのエンパワメントと解放に向けた実践には到底およばないばかりか、人びとの権利を棄損することにさえ帰結しかねない。もちろん、私たちは専門職性の弊害についても留意しておく必要がある。この点については第4章で確認することにしたい。

進展しないソーシャルワークの「社会変革」

第1章および本章で見てきたように、ソーシャルワークの中核に据えられているのは「社会環境の改善」であり、「社会変革」である。だが、この観点から見る限り、現在のソーシャルワークには悲観的にならざるを得ない。

もちろん、国内では埼玉県内の「反貧困のソーシャルワーク実践」に代表されるような取り組みがあるし、国外ではラテンアメリカ・カリブ海地域を中心に「社会変革」の動きが広まりつつある。

だが、高良《こうら》麻子と渡邊かおりが指摘するように、とりわけ日本では、この「社会変革」

の動きと深くかかわる「ソーシャルアクション」に関する教育、研究、そして実践が皆無に近い状態である（高良麻子「日本の社会福祉士によるソーシャル・アクションの認識と実践」『社会福祉学』第53巻第4号、渡邊かおり「社会福祉教育におけるソーシャル・アクションの位置づけ」『生涯発達研究』第7号）。

このような事態を招いている責任が、実践・研究・教育のいずれにあるのかと問われれば、「実践・教育・研究という3要素は、この順番に意味がある。これは発生の機序である。福祉は歴史的にみて、まず実践があり、それに関わる従事者の養成としての「教育」がそれに続き、その後、学問・研究が後追いしてきた」という岡田徹の指摘を待つまでもなく、「実践」の停滞に原因があると私は思う（岡田徹・高橋紘士《ひろし》編『コミュニティ福祉学入門——地球的見地に立った人間福祉』有斐閣）。

ソーシャルワークの未来は、「社会変革」のための実践をどこまで発展させられるかにかかっている。そこで以下では、ソーシャルワークにおいて「社会変革」の機運が高まらない理由について、実践者の立場から探ってみたい。

そもそもソーシャルワーカーはどこで働いているのだろうか。

いま、ソーシャルワーカーが対象とする領域は、医療以外にも司法や教育、住宅、労働などにおよんでおり、その範囲は社会福祉に限定されず、拡大傾向にある。

たとえば、司法においては、検察庁や矯正施設、保護観察所などに配置され、教育では、「スクールソーシャルワーカー」に象徴される小中学校への配置が進んでいる。暮らしに困難をかかえる人びとはあらゆる領域に存在することと、社会福祉サービスが十分な受け皿として機能していない実態がこうした流れを生みだしているといえる。

とはいえ、ほとんどのソーシャルワーカーは、社会福祉に関連する法の枠組みのなかで仕事をしており、この制度にもとづいた事業を運営する組織に雇われている。

つまり、人間の権利擁護、社会変革に向けた実践を押し広げようとは言ったものの、多くのソーシャルワーカーが組織の被雇用者なのである。雇われればいろいろな制約が生まれる。だからこそ、「社会変革」につながる活動が少しでもできるよう、自分が属する組織のありかたを変えていくように行動することが求められるはずである。

だが、この「どうすれば組織を変えられるのか」という根本的な課題は、いまだに活発に議論されていないし、このことじたいが、「社会変革」の動きを停滞させてきた重要な一因となっている。

ソーシャルワークに価値をおく

念のために断っておけば、私自身は、ソーシャルワーカーの大半が組織の被雇用者であることを悪いことだとは考えていない。

実際、国外に目を転じても、法に定められた制度のもとで仕事に従事するソーシャルワーカーは少なくない。イギリスでは、公的機関に雇用されている割合が高く（バンクス『ソーシャルワークの倫理と価値』）、香港のようにソーシャルワーカーの業務独占が徹底されている国や地域においてはなおさらそれが顕著である。

むしろ、法制度にのっとった事業体のなかで、その変革・創造に向けた実践をソーシャルワーカーが担うことによって、多くの人びとの暮らしの質を高めることができる。さらには、実践領域における法制度の課題も明確化することができ、その改善のための提言をすることも可能となるだろう。

独立型社会福祉士に代表されるような、いわゆるフリーのソーシャルワーカーは、「組織の重視する価値」に縛られることがないので、この点では優位性があるかもしれない。だが、「フリー」のソーシャルワーカーといえども、自らの暮らしを成り立たせるためには一定以上の収入が必要である。このため、法人格を得て、社会福祉等の法にもとづく関連事業を展開するものが多くあらわれてくる。

組織からの自由度の高さと経済的な安定性、これらはトレードオフの関係にある。一見すると、ソーシャルワーカーのおかれた状況は袋小路のように見える。

だが、そうではない。ジャーナリストの本多勝一は言う。

問題は、フリーか非フリーかといった生活形態にあるのではないのです。非フリーが権力側の走狗で、フリーが正義の味方だ、といった思考法は、根本的に誤っている。この伝でいくと、最終的には「日本は資本主義国だから、そこに住む全日本人は独占資本の走狗だ」ということになってしまいます。フリーであれ非フリーであれ、どんな視点に立つかにこそ、問題の根幹はある。（本多勝一「職業としての新聞記者」『本多勝一集第18巻　ジャーナリスト』）

「どんな視点に立つか」は、その人の価値や目的とかかわる問題である。つまり、組織で働くか否かではなく、ソーシャルワーカー自身に、「ソーシャルワークの価値」が自覚されているか否かが問われているのだ。

だが、私たちの職場において、「ソーシャルワークの価値」をつらぬくのは容易なことではない。現場では、いまだに新自由主義的な思想が蔓延し、過剰なまでに効率性と生産性が求められている。だからといって、この価値を手放してしまえば、私たちはソーシャルワーカーではなく、効率性ばかりが求められる、ただの福祉の提供者になってしまう。

「組織の重視する価値」と「ソーシャルワークの価値」は無関係ではない。「組織の重視する価値」は変更可能であり、もし「ソーシャルワークの価値」との乖離が生じたならば、ソーシャルワーカーは、「ソーシャルワークの価値」に照らして、組織の方針・実践のありかたを変えていくよう努力しなくてはならない。

この具体的な実践は第4章で言及される。少しだけ触れておけば、ソーシャルワーカーの裁量の幅を広げるために、雇用者や管理職などの権限保有者との信頼関係を築くことや、自らが権限保有者となること、その逆に、非常勤等の立場を利用して「組織の価値」から離れた展開を密かにまたは非公式なかたちで推し進めることが考えられる。

こうした努力の結果として生じる組織じたいの変容は、大規模なものではなかったり、第三者から見れば、組織変革とさえ思われなかったりすることもある。だが、これこそがソーシャルワーカーらしい仕事なのであり、ささやかではあるが、「社会変革」の端緒となるのではないだろうか。

「価値」をめぐる深刻な問題

私が特に深刻だと感じるのは、「組織の重視する価値」と「ソーシャルワークの価値」のジレンマを、多くのソーシャルワーカーが、そもそもジレンマとして認識さえしていはない可能性があることだ。

やや上から目線な言いかたになってしまうが、そもそも、ソーシャルワーカーのあいだに「ソーシャルワークの価値」は根づいているのだろうか。社会正義にかかわる研究や実践領域における議論が低調である現状からみても、私にはそれが浸透しているようには到底思えない。

「ソーシャルワークの価値」のなかで、第1章の国際定義で言及された社会正義は、非常に重要である。もちろん、この社会正義には、立場によってさまざまな定義がある。たとえば、弁護士の社会正義とソーシャルワークのそれとは重なる部分もあるが、役割や問題のとらえかたのちがいから生じてくる、それぞれに独自の正義も存在するであろう。また、経済学や政治学などでも、さまざまな解釈がなされている。

しかし、ここで考えたいのは、ソーシャルワークにおける社会正義とは何か、という問題である。残念ながら、ソーシャルワーカーのあいだでは共通理解ができておらず、その結果として、先の「ジレンマ」を感じることもできないとすれば、組織変革や社会変革など、とてもではないがおぼつかないだろう。

近年、あちこちで持てはやされている「多職種連携」も同じだ。多職種連携の利点は、異なる専門職による多様な問題認識や知識、考えが積み重ねられることで、問題を多面的にとらえられることにある。であれば、この連携は、同じような問題のとらえかたをする人びとによって形成される「同質型の連携」と同じであってよいはずがない。

この「異なる視点や役割」に大きな影響をおよぼすのは、やはり「価値」に他ならない。多職種連携においても、この価値が確立されていない専門職がいくら連携しても、問題を多面的に捉えるようにはならないだろう。

たとえばソーシャルワーカーは、医療や司法分野など他の専門職と連携することが少なくないが、これについてサラ・バンクスは、次のように述べている。

専門職の利用者との関係性の本質といったいくつかの面では、異なったところもある。多職種連携の文脈のなかで、専門職の価値について明瞭にしておくことは重要であり、そのことは、ソーシャルワーカーが、他の専門職を補完し、時には他の専門職に異議を唱えるような固有の役割を演じることができることを意味している。ここでは、社会正義に位置づく倫理に関与することが重要である。

（『ソーシャルワークの倫理と価値』）

地域変革から社会変革へ

「社会変革」に向けた実践が進まない要因として最後に取りあげておきたいのは、ソーシャルワークが変革の対象とする「社会」とは、いったい何をさすのかが明確に示されていない点だ。

たしかに、私たちは、ミクロ（個人）、メゾ（地域）、マクロ（国家）、どの領域からも社会をとらえることができるし、どの領域でもその変革を推進することができる。

しかし、従来型の「社会変革」観にしろ、ソーシャルアクションの対象にしろ、マクロ領域にかたよっていたきらいがあるし、ミクロやメゾ領域での変革に向けての方法論について十分に共通理解が得られているとは言いがたい。

この論点を深めるために、まずは、私の定義するソーシャルワークを議論の俎上に載せてみたい。①から⑤は、図4のそれと連動したものとなる。

図4

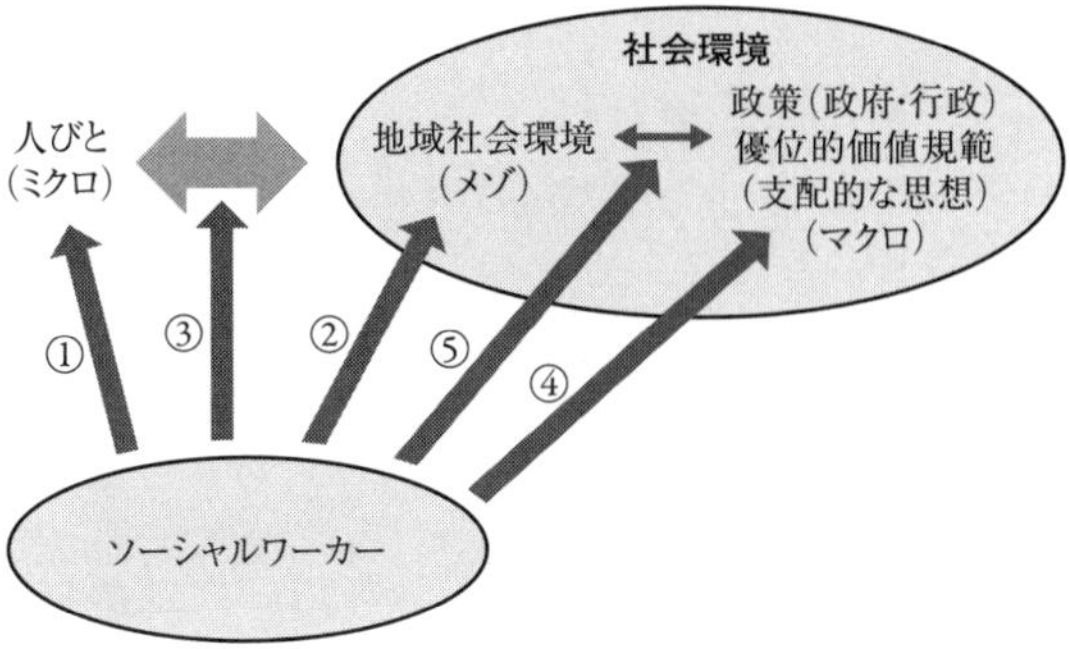

ソーシャルワークとは、社会正義と人権擁護を重要な価値基盤とし、次の5つの実践を通して、すべての人間の尊厳が保障された社会環境を創出する専門性の総体をいう。

①暮らしに困難のある人びとに直接支援を行うこと
②人びとが暮らしやすい地域社会環境を構築するよう社会的活動（ソーシャルアクション）を行うこと
③人びとのニーズを中心に、人びとと地域社会環境との関係を調整すること
④政策（政府・行政）、さらには人びとを排除する、社会的に優位な価値規範、支配的な思想に対して、人びとのニーズを代弁した社会的活動（ソーシャルアクション）を行うこと
⑤人びとのニーズを中心に、②の地域社会環境と、④の政策（政府・行政）及び、社会的に優位な価値規範との関係を調整すること

ここで一点、断っておきたいことがある。それは、「社会環境」には、図4でいうところの「人びと」だけでなく、本来的には「ソーシャルワーカー」も含まれるということである。だから、この図4には誤りがある。

だがこの図は、ソーシャルアクションを推進するソーシャルワークの役割を検討することを目的としている。それゆえ、ソーシャルワークの動きを可視化する必要があり、あえて現実とは異なる図にしている。

以上を踏まえたうえで、まず、②と④、⑤にかんしては、ケアワーカーや医療職、心理職の領域では原則としてその実践は求められていない。つまり、ソーシャルワーカー以外の対人援助職の多くは、「人びと」の内部に「暮らしづらさ」の要因を求めていくのだが、ソーシャルワーカーは、むしろ、「人びと」の外部にある社会環境がその「暮らしづらさ」を形成している事実をとらえ、その緩和と改善に向けて社会に対する働きかけを積極的に仕掛けていくという点において、「社会変革」を進めるための卓越性と潜在力が確認できるのだ。

ソーシャルワークの実践領域では、③が重要となる。地域で暮らす多様な人びとと相互の接点（対話やかかわり）を創り出すことこそが、地域社会に、お互いさまを共感し合える互酬性と多様性、人びととの信頼関係を創出し、すべての地域住民が決して排除されることのない地域変革を推進する原動力となる。国際ソーシャルワーカー連盟による2000年の定義で謳われていた「人間関係における問題解決」は、このことの重要性を示唆している。

地域変革が積み重なっていけば、社会変革へと連なっていく。③の実践の積み重ねは、①にもプラスの影響を及ぼすだけでなく、②での実効性ある展開へとつながり、⑤への意識化と実践を導き、④の領域へと展開していくという一連の流れを生みだす。

以上の定義の特徴は、社会環境への働きかけを②と④に分けているところにある。じつは、1950～60年代に広がった「社会変革」は、もっぱら④に光が当てられていた。

この点について髙良麻子は、「ソーシャルアクションには主に闘争モデルと協働モデルの2つのモデルがある」とし、「闘争モデル」については、「『支配と被支配』や『搾取と被搾取』といった対立構造に注目し、それによる不利益や被害等を署名、デモ、陳情、請願、訴訟などで訴え、世論を喚起しながら、集団圧力によって立法的および行政的措置等をとらせるもの」だと説明する。

そのうえで、こうした闘争モデルは、「社会問題が激増し、社会運動が活発であった1950～1960年代の社会福祉運動を中心として確認できるとともに、比較的近年のハンセン病患者による運動や障害者自立支援法反対運動等でも見られる」としている（『日本におけるソーシャルアクションの実践モデル』）。

私は、このような従来型の「社会変革」を、④の展開過程として理解している。いまや日本社会に限定しても、その全容を把握することはきわめて困難である。社会の高度化・

複雑化が進んでいるからだ。ましてや、国際社会の全容を理解することなど、ほぼすべての人間にとって不可能だろう。それに対して、お互いの顔が見える地域社会であれば、そこで何が起こっているかを知ることはできる。

つまり、日本社会や国際社会と比べれば、ある地域の課題や可能性を把握し、課題について議論をすること、共通理解を深めることは、明らかに容易なのである。これが、②を重視する本質的な理由である。

地域変革を「社会変革」の中核に

個人と国家の関係で「社会変革」をとらえてしまうと、その実現可能性は遠のいていく。範囲が広すぎるのと同時に、ソーシャルワークの対象となる相手との距離が開きすぎるため、どこから何を変えていいのかさえわからなくなるからだ。

さらに踏みこめば、社会の具体的な実像をつかみ損ね、あるいはそれに近づく努力さえ十分になされないまま、「社会変革」の必要性を求める声だけが独り歩きしてしまえば、眼前にある現実的な問題を捨象しているという点において、イデオロギー闘争に終始してしまう危険さえある。

それに対して、個人と地域の関係で「社会変革」をとらえれば、それは手の届くところに近づいてくる。個人と国家の間に地域という領域を入れ、そこを中核とすることで、「社会変革」の実現可能性は格段に高まるはずだ。

ソーシャルワーカーの手の届かないところにある「社会変革」を取り戻すためには、まず、地域を変えていく道筋を示す必要がある。

と同時に、このような実践が展開できるように、ソーシャルワーカーが所属する組織を変革する方途も検討していかなければならない。こうした変革の理論と方法論の不在が、「社会変革」を停滞させているのである。

このような主張は目新しいものではない。リッチモンドも次のように述べていた。

> ケース・ワークについて、将来の社会的発達と関連させてできるだけ長期にわたる展望を試みてみることは価値があるように思えるが、しかし現時点において社会関係を強化し、調整することは、なお一層注目に値する。われわれが認めているような世界、われわれが改善できるような世界が、よりよい未来に向かって開かれている唯一の道である。(『ソーシャル・ケース・ワークとは何か』)

確認しておくと、ここで私は②と④を切り離してとらえてはいない。また、国家(政府）に働きかけるには、必ず地域を経由しなければならないと主張してもいない。

ソーシャルワークとは、①から⑤までを視野に収めながら、その時々で力をそそぐ対象を変化させていくものだろう。その際、④における実践ばかりを強調していけば、多くのソーシャルワーカーにとって、社会変革は手の届かない場所に固定化されてしまう恐れがある。

というのも、前述の通り、ほとんどのソーシャルワーカーが、社会福祉等の関連法に依拠した事業を運営する組織で雇われており、④を主たる職務として積極的に展開できるようなソーシャルワーカーは、ほんの一握りしかいないからだ。

その意味で、④の実践があまりできていないソーシャルワーカーを一方的に非難することには賛成できない。だが、だからといって、組織に属しているから④の実践は何もできないと言いだしたら、社会変革への道は閉ざされてしまう。

では、②の実践はどうだろうか。仮に④が困難であるとしても、②の展開をおざなりにするような人たちは、定義上、ソーシャルワーカーと呼ぶことはできないだろう。②は、すべてのソーシャルワーカーが避けては通れない実践課題であり、「社会変革」の要諦なのである。

起点は個人のアイデンティティ変容

次に、「地域を変える」とはどういうことなのか、具体的に考えてみたい。

八木晃介は、個人のアイデンティティが変容することで、その人をめぐる関係が変化し、それが社会変革につながる、と説いている。つまり、地域社会で暮らす一人ひとりのアイデンティティの変容が、地域を変えていく重要な契機となるのである（八木晃介『部落差別のソシオロジー』批評社）。

では、個人のアイデンティティの変容はどのようにして生じるのだろうか。多くの社会学者は、他者との「関係構造」のあり方が、人びとのアイデンティティに関連していることを指摘している。G・H・ミードによる以下の指摘はわかりやすい。

> 自我は、〔人間が〕誕生したとたんにすでにあるものではなく、社会的経験や活動の過程で生じるもの、すなわちその過程の全体およびその過程にふくまれている他の個人たちとの関係形成の結果としてある個人のなかで発達するものである。（ミード『復刻版　現代社会学大系10　精神・自我・社会』青木書店）

こうした視点は、フリードリヒ・エンゲルスが「私の環境に対する私の関係が私の意識である。ある関係が実存するところでは、それは私にとって実存する」と述べていることとも符合する。（マルクス／エンゲルス『新編輯版ドイツ・イデオロギー』岩波文庫）

このいささか難解な言葉は、私が代表者を務めるＮＰＯ法人「地域の絆」の実践事例と重ねあわせるとわかりやすいかもしれない。

ひとり暮らしの認知症の人が、周囲の環境にうまくなじめず、ゴミ出しの日をまちがえること、無断でよその家の敷地に入ること、「一人外出」で行方不明になること、火の不始末があることがある。すると、地域住民から「このような人は、一人暮らしなどできない」「早く鍵のかかった施設に入れたほうが良い」「精神科病院に入院したほうが良い」という訴えが寄せられることとなる。

そこで私たちは、認知症の人の不安やストレスの要因を緩和させるべく、認知症の人の求めに応じたきめ細やかな支援を展開し、認知症の人が冷静に他者と向きあえる状況を作ることに汗をかく。

これとあわせて、認知症の人と職員が地域住民の自宅等に足を運び、認知症の人の暮らしの現状や私たちの仕事に対して理解を求める働きかけを粘り強くおこなう。その結果、認知症の人を排除する傾向にあった地域住民が、認知症の人の一人暮らしに理解を示し、ときには支援すらしてくれるようになる（中島康晴『地域包括ケアから社会変革への道程

【理論編】【実践編】』『「出逢い直し」の地域共生社会【上巻】【下巻】』批評社）。

つまり、人びとのかかわりの密度や質、そのリアリティが、関係構造を変容させ、一人ひとりのアイデンティティをも変化させていくのである。

このことからも分かるように、「社会変革」の起点は個人のアイデンティティの変容にあり、そのためには、人びとの関係構造に対して変化を求めていく必要がある。黙殺・無理解・不安や恐怖・排除に支配された関係性を、対話・理解・信頼・包摂にもとづく関係性へと変容させていくことが肝要なのである。

過剰適応から創造へ

以上では、ソーシャルワークの核心である「社会変革」をさまたげる諸要因について探ってきた。これらはまさに現在のソーシャルワークの課題にほかならない。きわめて重要な点なので、ここまでの記述を簡単にまとめておこう。

実践領域において「社会変革」への機運がなかなか高まらない理由として、ソーシャルワーカーの間で、「ソーシャルワークの価値」の共通理解が進んでいないことを指摘した。こうした状況が、組織や地域社会の変革を停滞させ、多職種連携のありかたにもマイナスの影響を与えることを確認した。

次に、ソーシャルワークが対象とする「社会」とは何かの認識が明確化されていないため、「社会変革」に向けた実践が停滞していることを指摘した。そのうえで、従来型の「社会変革」も、ソーシャルアクションも、もっぱらマクロ（国家）領域をその対象としてきたことの問題点を論じた。

最後に、「社会変革」をソーシャルワーカーの手に取り戻すには、地域および自らが属する組織を変革するための理論と方法論が必要であることを指摘した。さらに、「社会変革」の起点は個人のアイデンティティの変容にあることを論じ、無理解や排除に支配された関係性を、理解・包摂などにもとづく関係性へと変容させることが肝要だと指摘した。

日本のソーシャルワークには、法や制度への行き過ぎた順応がしばしば見られる。また法や制度だけでなく、社会環境それじたいを主体的に創造・変容していくという発想が希薄である。これらが相まって、ソーシャルワークとは何かという根本的な問いが問われることがほとんどなく、さらには、ソーシャルワークにおける社会正義とは何かという共通理解もまた深められずにいる。

これらの課題を乗り越えない限り、現代日本の閉塞状況は突破できない。では、いったいどうすれば、それが可能となるのだろうか。

法律に「社会変革」を書き込む重要性

まず取りあげたいのは、社会福祉士と精神保健福祉士の法による定義と養成カリキュラムから、「社会変革」が抜け落ちてしまっているという問題だ。これは、社会福祉士と精神保健福祉士は、真にソーシャルワーカーといえるのか、という重要な問いを引き起こす。

社会福祉士及び介護福祉士法（以下、社会福祉士法）を確認してみよう。社会福祉士の役割は、「人びと」に対する「相談」「助言」「指導」、関係機関との「連絡及び調整」、もしくは「連携」とされている。これは、社会福祉士による社会構造や制度・政策等への働きかけを無視したもの、あえてきびしく言えば、ソーシャルワークの定義を矮小化したものと言うべきである。

精神保健福祉士も同様だ。精神保健福祉士法における精神保健福祉士の機能や役割としては、「相談」「助言」「指導」「訓練」「援助」「連携」などがあげられているが、そこにソーシャルアクションや「社会変革」の要素はない。

これらをソーシャルワークのあるべき姿に近づけるためには、社会福祉士法、精神保健福祉士法のそれぞれに「社会変革」と「ソーシャルアクション」の考えかたを盛りこむ以外にない。

こう言うと、国家資格を基礎づける法律に「社会変革」をうたうのは難しいという反論の声が聞こえてきそうだ。また、そのようなことは法で明示しなくても、実践で示していけばよいとの意見もあるだろう。

しかし、弁護士法を見てほしい。第一条一項では、「弁護士の使命」として、「基本的人権を擁護し、社会正義を実現することを使命とする」とあり、続く二項では、「前項の使命に基き、誠実にその職務を行い、社会秩序の維持及び法律制度の改善に努力しなければならない」と明記されている。なぜ同様のことが社会福祉士法や精神保健福祉士法ではできないというのか。

できない理由を並べたてるだけでは事態は改善しないし、「社会変革」など夢のまた夢だ。しかも、この「社会変革」は、ソーシャルワークの中核的役割であり、存在意義そのものである。決して手放してはならない要求と言ってもいい。社会福祉士法、精神保健福祉士法にも、その理念と使命を明記しておくべきだ。

むろん、こうした改正には時間がかかるだろう。だが、「社会変革」をすぐには明示できなくとも、社会福祉士と精神保健福祉士の定義に、最低でも第1章でも述べたような「社会資源の発掘・開発・創出」という文言を早急に入れるべきである。そうでなければ、あるべきソーシャルワークからの乖離を防ぐことがますます難しくなり、社会福祉士・精神保健福祉士の存立基盤がいっそう揺らぐことになってしまう。

どんなソーシャルワーカーを養成したいのか

ソーシャルワーカーの養成カリキュラムに「社会変革」という考えかたが含まれていないことに関して、根津敦は「社会福祉士および介護福祉士法成立後の厚生省社会局長通知（1988）では、社会福祉の方法の体系において、ソーシャルアクションだけが教育科目から除外された」と指摘している（根津敦「ソーシャルアクション」日本社会福祉学会事典編集委員会編『社会福祉学事典』）。このことによる影響が、精神保健福祉士の養成カリキュラムにもおよんでいることは、容易に察することができるだろう。

問題はその理由だ。根津は『社会福祉学事典』のなかで次のように言う。「体制変革を想起させる社会主義への警戒・嫌悪感の存在や、戦前・戦中の社会事業における公私協働の負の側面（国策の補助的役割）が戦後も行政官僚機構の底流にあり、国家資格である社会福祉士の養成においては、体制への異議申し立ての側面をもつソーシャルアクションは援助技術の方法論として位置づけがたかったと推察される」と。

ソーシャルアクションが「体制への異議申し立ての側面をもつ」のであれば、法によって定義づけられた社会福祉士と精神保健福祉士はソーシャルワーカーではないことになってしまう。だとすれば、社会福祉士・精神保健福祉士とソーシャルワーカーを切り離して、あらたなソーシャルワーカーを一から養成すべきだろうか。そうではないはずだ。むしろ、全国に約30万人いるとされる有資格者を、国際定義で示されているソーシャルワーカーに近づけていくほうが、はるかに近道である。

これは願望ではない。第3章でも触れるように、社会福祉士と精神保健福祉士が、ソーシャルワーカーたることをめざして創設された資格であることは過去の経緯をみても明らかだし、これらの資格は、ソーシャルワーカーとしての国家資格だと、社会的にも広く認識されているはずだ。

私は、社会福祉士・精神保健福祉士を、ソーシャルワーカーのあるべき姿に近づけるために必要な点を指摘しているにすぎない。そして、日本にソーシャルワークを根づかせるためには、社会福祉士と精神保健福祉士にかんする法と養成カリキュラムに、「社会変革」と「ソーシャルアクション」を盛りこむことが不可欠なのである。

国家資格の統合と専門職団体の統合

これと関連して、看過できない重要な問題がもう一つある。それは、ソーシャルワーク専門職団体および社会福祉士・精神保健福祉士の資格統合の問題である。この点も第3章で詳しく論じる。ここでは概略を述べ、問題のありかを確かめておこう。

すべてのソーシャルワーカーが、「ソーシャルワークの価値」を共有するためには、それぞれの領域に細分化されているソーシャルワークを一つにまとめる必要がある。

なぜその必要があるのか。先述の通り、もはや、ソーシャルワーカーの配置は、社会福祉の領域にとどまらない。そのことじたいは、「必要の政治」と呼ぶかどうかはさておき、社会的ニーズを政治が重視しはじめたことの影響ともとらえることができ、人間の権利擁護の観点から好ましいことだと思う。

だが、これまでも述べてきたように、ソーシャルワークの価値やアイデンティティが希薄化している状況において、さらに言えば、経済の効率性にからめとられるかたちで専門職を軽視する雰囲気が強まる情勢のもとで、単純にソーシャルワークの職域が拡大すれば、それはソーシャルワークの自滅へと連なるだろう。

第3章でも詳細に語られるように、私たちは専門職としてのアイデンティティを確立していく必要があったにもかかわらず、ソーシャルワークとは何かという議論を避け、ひたすら狭い範囲に閉じこもることによって、新たな資格と団体を創出し、自らの領域拡大を追求してきた。

こうした歴史を反省し、ソーシャルワークの矮小化と停滞を避けるためにも、いま一度、ソーシャルワーカーとしてのアイデンティティを確認、共有していかなければならない。

ソーシャルワークはいま、その共通基盤を再構築すべき時期に来ている。そのうえで、医療・司法・教育・住宅・環境といった分野へのソーシャルワーカーの浸透を図っていくべきである。

私は、共通理解がないままに、それぞれの思惑で動くソーシャルワーカーがあふれかえれば、地域の住民や、協働する他の職種の人びととの連携、対話ができなくなるばかりか、分断されたソーシャルワーカーが「社会的に優位な価値規範」に引きずられ、政治的なコントロールに対する忖度と迎合が始まりかねないと思う。

このような心配があるからこそ、共通基盤を作りだすために、4つに分かれているソーシャルワーク専門職団体を一体化し、社会福祉士と精神保健福祉士という二つの資格を統合することが絶対に必要だと考えている。

この章では「かくあるべし」という強いメッセージが繰り返された。読者だけでなく、関係者からも反発されるのではないかと思う。

だが、人間の権利擁護という観点に立ち、「社会変革」を促進していくのがソーシャルワーカーであり、それに欠かせない「ソーシャルワーカーの価値」の確立と方法論の共有が進まなければ、どれだけ多様な分野へ展開しようと、各分野において独善的な実践と、「排除する人たち」への迎合が始まってしまうだろう。

ソーシャルワークに求められるのは専門性である。だが、専門性を深めることが、皮相な技術論・組織論へと矮小化され、それぞれの分立・細分化を正当化するロジックになってはならないのだ。

未来のソーシャルワーカーへの責務

社会福祉専門職は2025年には約500万人に達する見込みとなっている（『地域包括ケアから社会変革への道程【理論編】【実践編】』）。そして、「団塊ジュニア」と呼ばれる世代が65歳を超える2042年あたりまで、社会福祉専門職の人数は増加の一途をたどることになる。労働力人口が減少していくにもかかわらず、である。

このことは、端的に言えば、政治や行政に対する私たちの発言力と影響力が強まることを意味している。この「社会福祉専門職」には、介護福祉士を含む介護職・保育士といった「ケアワーカー」や、社会福祉士・精神保健福祉士などの「ソーシャルワーカー」、ソーシャルワークの役割の一部を担う「ケアマネジャー」など、多様な領域の専門職が含まれている。私たちが自らの発言力を正しくかつ有効に行使するには、これらの専門職が大同団結を果たさなければならない。

「ソーシャルワーカー」における統合化・一体化はこうした政治状況と深く関係している。

また、制度上の話をこえて、「ソーシャルワークの価値」を共通基盤とする専門性を確保しなければならない。こうしたソーシャルワーク・アイデンティティの確立と、資格・団体の統合を、ともに実現してはじめて、「ソーシャルワーカー」は、「社会福祉専門職」における連帯・連携のための中核的役割を担えるようになるだろう。

さらに言えば、「社会福祉専門職」の連帯が実現してようやく、サービスの利用者やその家族からなる団体（「当事者団体」・「家族会」等）、施設・事業者などからなる団体、既存の医療領域の専門職団体などとの連携が視野に入ってくるようになる。

このような共同戦線は、社会保障費を抑制しようとする圧力に対する歯止めとなるだろう。サラ・バンクスが言うように、ソーシャルワークが倫理的・実践的・政治的なものだからこそ、人間の権利擁護を志向する政治的アプローチも進展していくのである（『ソーシャルワークの倫理と価値』）。

ここでいうソーシャルワークの政治的アプローチを具体的に説明すれば、陳情やロビー活動のみならず、他の専門職団体が当たり前に行っている公式的なアプローチとして政治連盟や議員連盟を視野に入れたものが想定されるだろう。ただし、以下に論じるように、ソーシャルワークの政治的アプローチは、単に自分たちの社会的地位の向上を要求することが目的ではなく、あくまでも人間の権利擁護を旗印としなければならないことを肝に銘じておくべきだろう。

新自由主義的な発想がいまだ払拭されずにいる日本社会において、保健・医療を含めた社会保障分野において「縄張り争い」をしている余裕はない。だからこそ、社会保障全域における大同団結の第一歩として、ソーシャルワーク4団体の統合は大きな意義をもつ。これは、是非とも早い段階で実現しなければならない、未来のソーシャルワーカーに対する私たちの責務である。

「「人びと」とともに」を徹底する

最後に、「専門職性」についての課題を若干整理し、本章の結びとしたい。専門職性は、第4章とも関連する論点である。

じつは、ソーシャルワークの専門職団体が目的として掲げている「専門職の社会的地位の向上」と「人間の権利擁護」という二つの目的は、単純化してとらえれば二律背反の関係にある。

私たちが擁護すべきなのは、すべての人間の社会的権利だが、あえて優先順位をつけるならば、第一に支援すべきは、社会から排除されている人びとである。しかし、「専門職の社会的地位の向上」をはかるためには、「人びとを排除」する側の人びとから、ソーシャルワーカーの評価を得なければならない。より正確に言うなら、人びとを排除している社会の主流派から評価されるよう、積極的に行動しなければならなくなるだろう。

これこそが、ソーシャルワークの専門職団体がかかえる根源的で最大のジレンマである。つまり、ソーシャルワークが「人間の権利擁護」を追求している限り、「専門職の社会的地位の向上」と「人間の権利擁護」は、理論上は両立するはずだが、実際には、その双方の実現に向けた過程において二律背反が起きうるのである。

これについて私は、この二つの目的をより高い次元で結びつける方向性をめざすべきだと考えている。人間の権利擁護とそのための社会変容を志向するソーシャルワークが伸展していけば、まちがいなくそれは人間の利益に結びつく。もちろん、ソーシャルワーカーが、「専門職の社会的地位の向上」に目がくらみ、「人間の権利擁護」を放棄するならば、そんな専門職は不要だと断じるべきである。

だが、そうなる危険性を常に念頭におきながら、ソーシャルワーカーは一歩ずつ進んでいかなければならない。だからこそ、「専門職の社会的地位の向上」と「人間の権利擁護」が、その過程で相反するような状況に置かれうることを知っておく必要がある。

このジレンマを止揚するポイントは、「「人びと」とともに（with）」という視点を徹底することではないだろうか。つけ加えて言えば、他の領域・他圏域にありながらも志を同じく一つにする人びととの緊密な関係を構築することである。「「人びと」とともに（with）」あるとは、ソーシャルワークに本来的に求められている「人びと」と協働することを意味する。私たちは、「人びと」の視座から社会をつかまえることを忘れてはならない。

これをマクロ的な観点で言えば、ソーシャルワークの専門職団体と、「人びと」によって構成される団体（「当事者団体」）との緊密な連携、ひいては連帯が求められているということである。このような連帯があってこそ、ソーシャルワーカーは「専門職の社会的地位の向上」の可能性を自覚でき、現実のものとすることができるだろう。「志を同じく一つにする人びととの緊密な」連携とは、社会正義や民主主義を理想に掲げる弁護士や教育者だけでなく、経済学や環境学、医学、心理学などの領域で「志を同じく一つにする人びと」との連携をも含む。「「人びと」とともに（with）」あることを中核に置きながらも、志を同じくするこうした人びととの広範で多領域における連帯こそが、ソーシャルワーカーが「人間の権利擁護」に力点をおき、これを貫き通そうとしたときに、社会的地位の低下を防ぐための必要条件となるだろう。

第3章

ソーシャルワーカーはなぜひとつになれないのか

柏木一惠

分断されたふたつの資格

「平成」はひとの暮らしが変化を余儀なくされた時代だった。

子どもや障害者、高齢者といった、いわゆる社会的弱者だけではない。急速に進む少子高齢化、生産年齢人口の減少などの日本の社会構造の変化が、あらゆる年代の格差を拡大し、貧困層を増やし続ける要因となっている。

また、東京一極集中が続く一方で、地方の人口減少や過疎化は歯止めがかからず、「消滅可能性都市」という言葉が広がりを見せたように、きわめて深刻な状況となっている。多くの尊い命とかけがえのない日々の暮らしを根こそぎ奪う自然災害も頻発し、日本社会の持続可能性が危ぶまれるほど、社会全体が不安に覆われている。経済政策や社会保障のみならず、今日のあらゆる制度・政策の真価が問われる状況だといえるだろう。

こうした事態を受け、平成30年8月よりはじまった「社会福祉士養成課程における教育内容等の見直し」では、「地域共生社会」の実現に向けて、ソーシャルワーク本来の役割を果たせる社会福祉士を養成することが目的として掲げられた。

これにやや遅れて検討が始まった「精神保健福祉士の養成の在り方等に関する検討会」では、「精神障害にも対応した地域包括ケアシステムの構築の推進」「依存症関連法律の施行」等の新たな状況に対応できる精神保健福祉士の養成が求められた。

この二つのカリキュラム改正に共通するのは「地域」を基盤としている点だ。

政府の唱導する「我が事・丸ごと地域共生社会」を見てみるとよい。そこでは、ソーシャルワークに大きな期待がかけられ、第1章で見た「8050問題」をはじめとする多様で複合的な問題に、制度の壁を越えて対応し、地域住民を巻きこみ、社会資源の開発や多職種・多機関との連携によって問題解決を図ることが求められている。

だが残念ながら、問いと答えの間には、大きなズレがある。

超高齢化社会にあって、家族基盤や地域のつながりが脆弱化・希薄化の一途をたどり、社会的孤立は確実に進んでいる。抑圧された者がより低位な者を抑圧するような社会的排除があちこちで目につくなかで、多様な課題をかかえた人びとを「地域」が包摂できる保証もない。しかも、自助・共助を強調する地域包括ケアシステムは、医療における公的責任の縮小、介護の社会化の放棄など社会保障制度の劣化を示すという批判もあとを絶たない。

こうしたなかで、ソーシャルワーカーが強く意識しなければならないのは、多職種連携であれ、社会資源の開発であれ、その目的は、生きづらさをかかえる「すべての人びと」の権利を保障することであり、政府や行政の福祉の肩代わりや下請けをすることではないということである。第2章でも強調したように、生きづらさを生み出す社会それじたいを放置してソーシャルワーカーを名乗るのは、本末転倒でしかない。

平成という時代に、社会福祉士、精神保健福祉士というソーシャルワーカーの国家資格が作られた。精神保健医療分野とそれ以外の福祉領域とにソーシャルワーカーの資格が分断された不幸な経緯は後述する。だが、「地域」を基盤として、人びとの生きづらさに寄り添い、生きづらさを生み出す社会それじたいを変革することを使命とするのがソーシャルワーカーだとするなら、この共通理念のもとに複数の資格を設ける必要はない。

それにもかかわらず、ソーシャルワーカーの資格統合に向けては、厚くて高い壁、幾多のハードルが立ちはだかっている。この章では、こうした事態を生み出した歴史的経過を振り返り、その乗り越えのために何ができるかを考えてみたい。

新しい国家資格化の動き

国家資格をめぐって、いまもっともホットな話題を提供しているのは、「子ども家庭福祉士」(仮称)資格創設の動きだろう。年間50人の子どもが虐待死し、2018年の児童虐待の通告数は10年前の13倍に達するという過酷な状況に対応するため、突如として浮かびあがってきたのが、子ども家庭福祉士の創設案だ。

超党派の国会議員で構成される「児童虐待から子どもを守る議員の会」が、改正児童福祉法に、この資格の創設を盛りこむように要望したのである。これに対し、日本社会福祉士会をはじめとする専門職団体は反対の意思表明を行った。

「新たな資格を作る前に、既存の仕組みの変革や既存のソーシャルワーカーのブラッシュアップなど、まだまだやるべきことがある」

「子どもの命と暮らしを守るためには、何年もかかる資格なんて作る時間の余裕はない」

「子どもの問題は親や家族の問題であり、子どもに特化した資格よりもあらゆるライフステージに対応できるソーシャルワーカー、そして多様な専門職と連携し、また地域社会で支える仕組みの構築を図るソーシャルワーカーなど、児童虐待には包括的な視点と技術を持ったソーシャルワーカーこそが必要」

こうした反対の声に異議を唱えるつもりはない。ただ、これまでソーシャルワーカー専門職団体が十二分に児童分野に力を注いできたかと問われれば、そうとは言いがたい状況があることも事実である。

年々増え続ける児童虐待数を減らすために、私たちソーシャルワーカーはこれまで何をしてきたのか。「サバイバー」と呼ばれる、親や大人から虐待を受けて育ち、なんとか生き延びて大人になった人たちがかかえる精神的・社会的なダメージに、ソーシャルワーカーは関心を払ってきただろうか。自戒と反省を込めて、新資格に活路を見出そうとする側の思いそのものをソーシャルワーカーとして真摯に受け止める責務があると思う。

新資格に反対する根拠の一つとして、「ソーシャルワーカーの国家資格を複数創設することじたいが問題であり、新たなソーシャルワーカー資格がまたもやソーシャルワーカーの分断を招く」ということがあげられている。

そもそも、なぜソーシャルワーカーの資格が分断されることが、ソーシャルワークを必要とする人びとにとって不幸なのだろうか。1983年に仲村優一氏が日本ソーシャルワーカー協会の「再建ニュース」に寄稿した文章は、この問いに明確な答えを示してくれている。以下、長文ではあるが引用しておこう。

一つの具体的な例で考えてみよう。家庭内暴力。今日、日本を含め世界の先進国が一様に悩んでいる深刻な社会問題の一つである。社会福祉の領域からも、一つの家庭に対し、どこかの時点で、児童福祉司、現業社会福祉主事、保護観察官、家裁調査官、学校ソーシャルワーカー、医療ソーシャルワーカー、社会福祉施設指導員（児童指導員、生活指導員）等々のソーシャルワーカーが、深浅の度合を異にしつつ、夫々のワーカーの属する施設・機関の枠組を背負って、接触を試みる。それぞれのソーシャルワーカーは、それぞれの領域において、時には研究組織をもち、時には特殊専門分野の専門職団体を作って研鑽につとめている。

ところが往々にして全一的にとらえられ処遇されるべき一つの家族が、役所のたてわりの仕組にしばられた各種のワーカー群によって小刻みに分断され、処遇の統一統合が妨げられ、誰よりもまずクライエント自身が戸惑い、迷惑を蒙るという結果になってしまっている。所属領域の枠を超えて、各種のソーシャルワーカーがその経験を分かち合いながら、クライエントの権利擁護の立場から、横に連帯の輪を拡げて協力しあうということの大事さが、今日ほど強く要請される時期はなかったのではないか。また、ここのところを原点としてこそ、社会福祉の政策形成や行財政の展開に対して説得力のある資料提供を行い、ソーシャル・アクションを行うことも可能となる筈である。

社会福祉をめぐる内外の厳しい状況に対しても、ソーシャルワーカーは最も敏感な反応を示し、かつ社会的に発言をなすべき立場に置かれている。その発言に力を与えるものは、数ある発言者の連帯であり、それを支える福祉サービスの利用者たる市民層の支持でなければならない。（1983年10月5日号「再建ニュース」仲村優一、日本ソーシャルワーカー協会）

資格創設の動きを資格統合の足がかりに

　この引用文における「家庭内暴力」を「児童虐待」に置き換えれば、今も36年前と何ひとつ変わっていない現実に愕然とする。それどころか、これが書かれた36年前には精神保健福祉士はおろか、社会福祉士すら存在していなかった。

　仲村優一氏だけでなく、当時の多くの学者・教育者、関係団体や専門職集団は、病院、診療所、保健所などを主な職場とする「保健医療」を含めて、福祉のあらゆる領域をカバーできる統合されたものとしてソーシャルワーカーの資格を作ろうとしたことを信じたい。しかし、結果として、保健医療の領域で働くソーシャルワーカーを置き去りにするかたちで社会福祉士・介護福祉士法が1987年に成立した。保健医療領域のなかでも精神科病院等の医療施設や精神障害者の社会復帰施設等を職場とする「精神保健福祉」に限定された精神保健福祉士法が成立・施行されたのは、その10年後の1997年のことだ。

「子ども家庭福祉士」の資格を創設しようとする根拠の一つとして、精神保健福祉士のように、ある領域に限定した資格がすでに存在していることがあげられるという。もしそうなら、私たちにとってとても悲しいことだ。

　保健医療の領域はなぜ置き去りにされたのか。

その背景には、社会福祉士・介護福祉士法が成立に至った過程で、政治的な思惑が大きく働いたことがある。詳細は後で述べるが、子ども家庭福祉士の場合も、議員連盟が早々に結成されるなど、政治主導の動きが目立つ。

もう一つ似ているのは、精神保健福祉士法案が浮上してきた際に、研究者や専門職団体が反対運動を展開した点だ。歴史は繰り返すというべきか、因果はめぐるというべきか、新たな資格に対し、既存の団体からまたぞろ反対の声があがっている。

児童虐待に対応する新たな資格の創設を推進する動きと、阻もうとする動きに既視感がつきまとうのは、こうした経緯が私の脳裏をよぎるからだ。反対する声が正論だとしても、どこかに縄張り争いめいたものが潜んでいるように感じてしまうのは、かつての精神保健福祉士法案への反対運動と似たものを感じるからかもしれない。

ソーシャルワーカーの資格統合をめざそうとする流れに逆行するような、児童分野に特化した資格創設ではあるが、この動きは資格統合へのモチベーションを高めるチャンスではないかと私は思う。

なぜなら、問題があらたに起こるたびに、「いまのソーシャルワーカーには専門的な知識や技術がないから新しい資格が必要」という理屈が通用するなら、そもそも社会福祉のどの分野でも活動を行う「ジェネリック・ソーシャルワーカー」である社会福祉士など不要だということになるからだ。

精神保健福祉士においても同様の問題が起きる。依存症やうつ病、発達障害など、次々とあらわれるメンタルヘルスの課題に対応するにはもっと特定の資格が必要だ、などと言われれば、核分裂のように専門資格が生まれていくことになるだろう。

だからこそ確認しておきたい。子ども家庭福祉士の資格化の動きは、社会福祉士と精神保健福祉士という二つの資格のありようを問い直す絶好の機会を与えてくれる。

新たな資格創設の動きは、ソーシャルワーカーの資格をめぐる分断がすでに当たり前になりすぎて疑問すら感じない人が多くいるいまだからこそ、なぜ二つの資格が存在するのか、その必然性はどこにあるのかを改めて考え直すチャンスを与えてくれるのである。

社会福祉士・介護福祉士法成立の背景

日本のソーシャルワーカーの資格化について活発な議論がなされたのは、1971年に「社会福祉専門職員の充実強化方策としての「社会福祉士法」制定試案」が提示されたときである。

日本社会福祉士会十年史編集委員会によれば、この試案について、①社会福祉の本質および中心的特性の理解において、従来の日本における社会福祉理論の枠組みを超えて国際的な水準に迫るものであった点、②「社会福祉士（仮称）制度」をソーシャルワーカーを中心とする公私の社会福祉専門職者を包括的にとらえる専門職制度とした点、③社会福祉士の資格を持つ者だけがその名称を名乗れる「名称独占」の資格としながらも、一部の職種については、その資格を持つ者のみが独占的に仕事ができる「業務独占」の資格であることを求めた点などが、当時評価されていたという。

一方、資格を一種、二種に区別したことで社会福祉従事者の階層化につながること、実務の経験年数によって格が上がる経験偏重の仕組みであること、4年制の社会福祉学科を卒業すればすぐに一種となる学歴偏重主義であることなど、多くの批判もくわえられた。

日本精神保健福祉士協会（当時は日本精神医学ソーシャルワーカー協会）も、「精神科ソーシャルワーカーの置かれている環境は資格制度ができたとしても、専門性の確立以前に、まずは精神科ソーシャルワーカーの待遇改善を含む社会福祉全般、精神科医療全般の基盤整備を先行すべき」と、中央社会福祉審議会に意見書を提出している。議論は活発に行われたが、結局、この試案は関係団体の合意を得ることができず、白紙撤回となった。

1970年代後半から1980年代半ばにかけて、社会福祉施策についての議論は高齢化、経済成長の鈍化を反映したものになっていった。

1986年6月に閣議決定された「長寿社会対策大綱」では、人生80年時代にふさわしい経済社会システムを構築する一環として、健康・福祉システムにおける「在宅サービスの拡充、施設サービスの充実」「介護にかかる負担の適正化」「私的サービスの育成・活用」が方針として定められた。

当時の厚生省も、「内需拡大によって経済の安定成長を実現するカギはシルバーマーケットの活性化にある」として、シルバーサービス振興のために「安心、信頼の確保のための仕組づくり」「企業側の倫理向上」などを提案した。

経済同友会は「社会福祉の改革の視点」として、①救貧的福祉から普遍的福祉への転換、②福祉サービスの応能負担、③福祉供給システムの再編成、④在宅福祉への支援体制の整備などをあげ、施設職員に求められる高い専門性や多様で高度なニーズに対応するため、社会福祉のケースワーカーなどの資格・要件の再検討、社会福祉に関する教育カリキュラムも含めた教育・養成システムの高度化・専門化を検討課題として掲げた。

経済成長が鈍り、財政状況も悪化したことを背景にして、国はこの時期、福祉6法のほか健康保険法、年金法、雇用保険法などを相次いで改正（悪？）し、国民の生活に関連する社会保障の切りつめ施策を次々と打ち出していた。

また、高齢化社会で予測される要介護老人の増加を視野に入れ、激増する医療費を抑えるために長期入院の是正を図り、老人保健法の自己負担増や中間施設を新設することなども打ちだした。「社会福祉士・介護福祉士法」は、このような時代状況を背景に、地域ケア、在宅介護を官民一体で進めるための担い手を創出するべく準備されたのだった。

そこで求められたのは、在宅ケアにおけるマネジメント能力、限られた社会資源を効率的に活用できる能力、関係機関の連携や調整を担うコーディネーターとしての役割だった。それは、仲村優一の言う「社会福祉の政策形成や行財政の展開に対して説得力のある資料提供を行い、ソーシャル・アクションを行うことも可能となる」ソーシャルワーカーや、人権擁護や福祉の向上に力を注ぐような社会福祉の実践家像とは相当な隔たりがあるものだった。

振り返ってみれば、私が所属していた大阪精神医学ソーシャルワーカー協会は、「社会福祉士・介護福祉士法」に対し、「入院費削減のため在宅で「安上り」に老人を遇していくための国の方針の具体化である」と批判をしていたが、正鵠を射たものだったと思う。

噴き出した疑念

1986年12月に老人保健法が改正され、中間施設である「老人保健施設」が設置されることになった。その直後の87年1月に、当時の厚生労働大臣斎藤十朗氏は、「福祉・医療の分野で必要な資格制度を作る」との大臣談話を発表し、4カ月後の5月下旬には、義肢装具士法、臨床工学技士法とともに「社会福祉士・介護福祉士法」が成立した。

当時の社会福祉士・介護福祉士法案の国会審議の議事録を見てみると、かなり活発な議論が行われていたようである。

複数の議員たちは、資格化される福祉士、特に社会福祉士の役割について疑義をはさみ、高齢者や身体障害者などのいわゆる社会的弱者を対象とすることの問題点を指摘していた。いわく、「福祉についての基本理念であります憲法25条、あるいは福祉六法等に定められている基本的な理念に基づく諸制度、こういうものを身につけて今日の法制度の最高水準を福祉サービスに適用させていくという立場で相談や援助をしていくということが最も適当ではないかと思うわけですが、そういった点での使命や理念というようなものは、これは抜きですか。その辺がちょっと不安に思うんですよ」（沓脱《くつぬぎ》タケ子議員）。

また資格制度は、労働者の社会的身分の向上と任用、賃金、労働条件などの基礎となるものであるにもかかわらず、この資格が「我が国でもほとんど例がないような肩書きだけの名称独占なるもので、労働条件、賃金とは結びつかず、予算の裏づけも全くないものになっています」（田中美智子議員）との問題提起がなされた。

さらに田中議員は、社会福祉士が何をする人かという疑問が出てきているのは、社会福祉士の社会的地位が低いレベルに固定化されてしまうのではないかとの不安や、専門職としてのあいまいさから来ているのではないかと述べ、養成機関や試験実施機関のありかたが重要だと訴えている。

その養成に関しても、最低でも福祉系四大卒のレベルを落とさない配慮を求めるとともに、その運用に関して、福祉の理念が、営利を目的とするシルバーサービス産業のニーズに合わせて用いられないためにも、公的福祉の保持と国の責務が重要だと指摘していた。

では、この法案について社会福祉関係者は、どのように考えていたのだろうか。

「福祉士資格創設から20年！　今だから言える制定当時の舞台裏」（地域ケアリング企画編集委員会編『地域ケアリング』、2008年3月号）に、斎藤十朗（全国社会福祉協議会会長）と京極髙宣（日本社会事業大学名誉教授、当時）のインタビューが掲載されている。

そのなかで京極は、日本ソーシャルワーカー協会も、福祉系大学からなる学校連盟からも賛同が得られ、社会福祉業界では全国社会福祉協議会などが一刻も早い法制化を求めて、全国緊急集会を開催したと誇らしげに述べている。

だが、その専門性や資格のあり方をめぐってどのような疑義が出され、どのような論議があったかは触れられていない。

日本精神医学ソーシャル・ワーカー協会は、「わが国の全ソーシャルワーカーを規定する基礎資格となること」を求めていた。だが、これについて京極から、「社会福祉士・介護福祉士法」に保健医療領域の福祉職を含めることは困難であり、それを含めた内容にするまで法案制定を延期することはできない状況だとの説明を受けていたのであった。

共同戦線を急げ

1971年11月に中央社会福祉審議会が公表した「「社会福祉士法」制定試案」の構想では、「社会福祉士」は、福祉施設が急増し、施設職員数が増加するなか、施設・事業における職員体制と業務内容を踏まえて、職員の質の確保や処遇の改善を求めるものだった。

これとはちがい、「社会福祉士・介護福祉士法」では、シルバーサービスへのニーズの高まりという構造的な変化を踏まえ、シルバー産業で働く職員の質を確保することに力点があった。つまり、民間企業の提供する福祉サービスへの信用を保証することがねらいであり、そのために国家からお墨つきを与えられたのが、社会福祉士、介護福祉士という国家資格だったのである。

念のために言っておけば、資格制度が国の政策上の必要から来ていること、厚生省の主導で作り出されたこと、こうした出発のしかたが、ソーシャルワーカーとしてのアイデンティティを希薄にしたと断罪するのはやや酷かもしれない。

とはいえ、国が社会福祉士の理念やその重要性を本当に理解していたとは考えにくいのもまた事実である。

成年後見制度への関与、スクール・ソーシャルワーカーをつうじた学校現場への介入、矯正施設や地域定着支援センターといった司法領域への参画など、パッチワーク的に職域は拡大させられながらも、社会福祉士の社会的認知度は高まっていないのが現実である。資格化されて30年を経たが、配置基準として社会福祉士が必須なのは、地域包括支援センターだけだ。国が社会福祉士を重視していない姿勢が明瞭にあらわれている。

それだけではない。国から付与された役割であるはずの在宅ケアのマネジメントや相談援助でさえも、介護・障害・児童等の領域において、介護支援専門員や相談支援専門員に取って代わられている。まさに屋上屋を架すといった趣きだ。

介護支援専門員や相談支援専門員は、有資格者のみが仕事に就ける「業務独占」であるが、彼らには社会福祉士や精神保健福祉士などの国家資格は必要とされていない。ソーシャルワーカー個々人の力量不足という課題はあるが、4つに分立された組織の脆弱さがこのような事態を招いているとすれば、それは大きな問題だろう。

仲村の言を再び借りると、「社会福祉をめぐる内外の厳しい状況に対しても、ソーシャルワーカーは最も敏感な反応を示し、かつ社会的に発言をなすべき立場に置かれている。その発言に力を与えるものは、数ある発言者の連帯であり、それを支える福祉サービスの利用者たる市民層の支持でなければならない」（前出「再建ニュース」）。

社会や国家に対して共同戦線をはるために、組織の再編、ソーシャルワーカー資格の統合が急がれなければならない理由がここにある。

医療福祉士法案の挫折

「社会福祉士・介護福祉士法」は、保健医療領域のソーシャルワーカーを置き去りにし、具体的に言えば、障害者のみを対象とし、患者や傷病者は対象としないという中途半端な資格として制定された。この法が成立した前後から、医療ソーシャルワーカー法の成立に向けて、保健医療領域の専門職団体である日本医療社会事業協会と日本精神医学ソーシャル・ワーカー協会は動き出すことになる。

先に触れた「社会福祉士・介護福祉士法」案の国会審議でも、医療ソーシャルワーカーを適用外にしていることの不思議、業務内容がどう違うのか、区別の根拠はどこにあるのかといった質問が出されていた。

それに対して政府側の答弁は、「片方は福祉の分野で働く、片方は医療の一環としてやる点、働く場所においても片や在宅あるいは社会福祉施設、片や病院と厳然と区別がつくので別建てでいった方がより現実的」「社会福祉士は福祉分野において心身に障害のある者等を対象とし、医療ソーシャルワーカーは、傷病者、病人を対象としている」「医療ソーシャルワーカーは、医療の現場、主として病院等において医療チームの一員として業務を行う医療関係の職種として独立の資格制度にする」というものであった。

対象者を中心に考えれば、医療と福祉を切り離せるはずもなく、在宅・施設にいるから障害者、病院にいるから傷病者などといった縦割り行政的な区分は、人間のありかたを無視したものとしか言いようがない。とりわけ、疾病と障害が流動的かつ重層的にあらわれる精神障害者を対象とする精神科ソーシャルワーカーにとって、到底首肯できるものではなかった。

当然、この動きに対して、日本医療社会事業協会の内部からも、日本精神医学ソーシャル・ワーカー協会の内部からも、反対の声があがった。にもかかわらず、医療ソーシャルワーカー資格化の動きは、ますます加速していくこととなる。

厚生省は1988年7月に「医療ソーシャルワーカー業務指針検討会」を設置し、翌89年2月には「医療ソーシャルワーカー業務指針」という報告書を公表した。この概要を確認しておこう。

報告書は、長寿社会の到来、疾病構造の変化、医療技術の進歩など、医療をめぐる環境の変化により、保健医療の場において患者のかかえる経済的・心理的・社会的問題の解決・調整を援助し、社会復帰の促進を図る医療ソーシャルワーカーの果たす役割への期待が、ますます高まっていると指摘する。

一方、医療ソーシャルワーカーは、業務の範囲が必ずしも明確とは言えないし、新しい医療の流れを踏まえつつ、保健医療の現場において患者にソーシャルワークを行うための方法が十分には確立していないため、期待に応えられていないと指摘する。

このような状況に鑑み、この報告書では、精神科ソーシャルワーカーと従来呼ばれてきた者も含め、医療ソーシャルワーカー全体の業務の範囲・方法等について指針を定めると同時に、医療ソーシャルワーカーの資質の向上を図り、関係者の理解の促進に資することを目的として指針を定めることとした。

この業務指針が作成される過程で、日本精神医学ソーシャル・ワーカー協会は、厚生省の意見聴取に対し、患者の人権擁護の役割に関する明確な記述がなく、協会の基本指針に則って、精神衛生法改正の取り組みのなかで積み重ねてきた実践から後退していると述べ、患者の人権擁護への関わりについて明記するよう求めた。

一方、日本医療社会事業協会は、「受診受療援助における医師の指示」について若干の異論をはさんだが、医療ソーシャルワーカーが保健医療機関において社会福祉専門職であるという位置づけを得たことに大きな意義を見いだしていた。

1990年12月、厚生省健康政策局計画課は、新たに「医療福祉士（仮称）資格化にあたっての考え方」を示した。

その骨子は、①国家資格とすること、②診療の補助としての受診受療援助等は、保助看法第31条に規定する業務独占を解除し、医療福祉士が行えるようにすること、③養成課程は四年制大学卒とし、履修科目は学問的基盤となる社会福祉科目及び保健・医療科目であること、④業務内容は「医療ソーシャルワーカー業務指針検討会報告書」に即したものであること、⑤経過措置として、現任者の救済措置を設けること、であった。

「制度」として四年制大学卒を法的に規定しようとしたのは、その職が専門性において自立した判断能力を持ち、高い教養を有していると見なされるという意味で、いわゆる専門職自立の制度的要件というべきものであった。

この政府案は保健医療に限定されてはいたものの、医療ソーシャルワーカーにも業務上の裁量権が認められるという、画期的な内容を持っていた。そこで、関係団体（日本精神医学ソーシャル・ワーカー協会、日本医療社会事業協会、日本ソーシャルワーカー協会、日本社会福祉士会等）はこの政府案を肯定的に受け止め、さらなる改善を求めて折衝を続けていた。

ところが、最終的な段階になって日本医療社会事業協会は、骨子案について、受診・受療援助を医行為としての診療補助業務としており、また経済的基盤を診療補助業務の点数としていることから、医師との指示関係を認めるものであり、これでは医療関係職種に位置づけられることとなる、と異議を唱えた。

この政府案に対して、全団体が一致することが条件となっていたため、国会上程は見送られることになった。結局、日本医療社会事業協会は、医療福祉士の国家資格化ではなく、社会福祉士制度を前提として、現任者は社会福祉士資格を取得、新任者は有資格者を採用するという方針に路線を変更することになったのである。

精神保健福祉士、単独法定資格化へ

日本精神医学ソーシャル・ワーカー協会側からすれば、資格化は暗礁に乗りあげたことになる。ようやく1993年6月、精神保健法の改正にあたって、衆参両院において「精神科ソーシャルワーカーの国家資格制度の創設について検討すること」との付帯決議がなされた。これを契機に同協会は、精神科ソーシャルワーカーの単独法定資格化に乗り出す方針を決定した。

こうした動きの背景にあった精神保健法の改正は、どのような内容を持っていたのだろうか。

改正の主眼は、精神障害者を精神病院から社会復帰施設へ、さらに地域社会へという流れを促進することにあった。そして、この流れを推進するには、それに関わるマンパワーとしての精神科ソーシャルワーカーを質・量ともに充実させる必要があった。

また、精神科ソーシャルワーカーは精神病院だけでなく社会復帰施設などにも従事するようになり、多様化と拡大の一途をたどっていた。しかし精神科ソーシャルワーカーについての法的規定がないため、相談援助に関わる守秘義務など、業務の質を保証することができなかった。それは専門職団体として無責任だと考えられ、資格化の早期実現がめざされたのである。

1993年9月、4団体による社会福祉専門職連絡会の会合が再開され、精神科ソーシャルワーカーの法定資格化が論議された。

ソーシャルワーカーの法定資格制度は統一されたものが望ましいという見解では一致したものの、具体的な道筋はなかなか見えてこなかった。当時は、社会福祉士法をソーシャルワーカー全体の基礎資格とし、そのうえにより専門分化した資格制度として位置づけた方がよいとの意見も根強くあった。

しかし、精神科ソーシャルワーカーの資格化の動きが進むなかで、その可能性の芽をつんでしまうのは望ましくないとの判断から、1994年3月の連絡会において、精神科ソーシャルワーカー単独の資格化が了承された。

精神保健法が1995年に「精神保健及び精神障害者福祉に関する法律（精神保健福祉法）」に改称・改正され、この法律の目的に「精神障害者の自立と社会参加のための援助」が加えられ、入院中心から地域ケアへという施策の転換が示された。

精神障害者は、疾病と障害をあわせ持つという理解が徐々に深まり、精神科ソーシャルワーカーには、これまでの保健医療施策にくわえて社会福祉施策の充実を求めていくことが必要になっていった。精神障害者の人権擁護と地域生活支援の推進、社会的入院の解消と精神障害者の保健医療福祉の充実、これらの役割を担う人材として、精神科ソーシャルワーカーへの期待はさらに高まったのである。

精神科ソーシャルワーカー資格化への方向性が政府から示されてから4年後の1997年、精神保健福祉士法案が通常国会に上程され、99年12月に全党一致で採択された。この4年間のほとんどは、関係団体の合意を形成するために費やされたと言っても過言ではない、と当時の理事長であった大野和男は言う。

精神保健福祉士法は、それを推進した日本精神医学ソーシャル・ワーカー協会にとっても、すべてのソーシャルワーカーが統合された専門資格制度を目指すという当初の基本方針からの路線変更であり、苦渋の選択だったのである。

整理しよう。当初、ソーシャルワーカーの資格統合を視野に入れた取り組みがなされた。だが、「社会福祉士・介護福祉士法」が制定されてからは、資格統合は今後の課題とされ、まずは、置き去りにされた保健医療領域におけるソーシャルワーカーの法定資格化に向けた取り組みが進められた。

「医療福祉士法」が政治的に挫折すると、単独立法の道を選ばざるをえなくなった。その結果、精神保健福祉士法が成立する。この後、日本精神医学ソーシャル・ワーカー協会は１９９９年に、現在の「日本精神保健福祉士協会」へと名称を変更することとなる。

精神保健福祉士法（案）への批判

精神保健福祉士法案の審議過程でも、分断と対立が顕在化することとなった。

関係団体の組織的合意は得たはずだった。ところが、精神科ソーシャルワーカーの法定資格化が現実味を帯びてくるにしたがい、関係専門職団体・学会は次々と「精神保健福祉士法案」への反対意見を提出することとなる。

多少長くなるが、ソーシャルワーカーの資格統合を実現させるためのヒントがあると思われるので、各団体の意見表明の中身を簡単に整理・要約しておきたい。

【①　精神保健福祉士（仮称）資格についての日本社会福祉士会の意見（1997年3月6日）】

精神科ソーシャルワーカーの資格制度が社会的に緊急に必要とされていることは認識しているが、精神科ソーシャルワーカーの資格が単独身分法（資格化の意味）で制定されることには反対だ。すべてのソーシャルワーカーの国家資格制度は、社会福祉学を共通の基盤とし、包括的で整合性のあるものでなければならない。

精神科ソーシャルワーカーの資格制度については、社会福祉士資格を基盤として、精神医療保健領域で必要とされる研修を修了した者、および現任経験を勘案した任用資格制度とすることが望ましい。包括的ソーシャルワーカーの国家資格制度のありかたについて、障害保健福祉部、健康政策局及び社会・援護局の連携の下に検討の場を設けることを希望する。

【②　ソーシャルワーカー資格の在り方に関する提言～医療ソーシャルワーカー資格制度化について～日本ソーシャルワーカー協会（1997年3月31日）】

わが国は、世界にも例のない早さで、最も高い割合の高齢社会にむかっている。公的介護保険制度や医療保険制度の見直しなど、対応を急がれるものが多く、高齢者や精神障害者の社会的な入院の割合も高く、コミュニティケアの整備が急がれている。

以上と関連して、こうした制度を運用する際に、ケアマネジメントなどの重要な核となるマンパワーの確保、特に高齢者とその家族、患者の立場にたって相談相手となるソーシャルワーカーの役割が非常に重要であることはいうまでもない。

ところが、福祉と保健・医療の法制度の違いや行政機構の壁に阻まれて、精神保健も含めて医療ソーシャルワーカーの資格は、いまだ制度化されないまま、今日を迎えている。まずは医療ソーシャルワーカーの資格制度化を急ぐべきである。

すでにわが国には、世界的にも注目される社会福祉士及び介護福祉士法がある。この制度を世界に誇れる充実した資格制度として機能させるには、ソーシャルワークの重要な領域であり、現にソーシャルワーカーの自覚をもって多くの福祉専門職が働いている医療施設のソーシャルワーカーをも包含しなければならない。

医療だけでなく、さらに細分化して精神保健の領域に限定したソーシャルワーカー資格を福祉職として制度化しようとしても、すでに存在する社会福祉士や、資格制度化が求められている医療ソーシャルワーカーと区別するのは困難であり、無理にそれを行おうとすれば、養成課程や国家試験などに余計な混乱を生じさせる。ソーシャルワーカーは、社会福祉学を基礎として養成され、利用者の相談援助に当たる専門職であり、その倫理規定や方法・技術は共通のものである。

細分化することよりも、社会福祉士制度の充実をはかることが求められる。そのためにも、社会福祉士資格取得者を大幅に増員して、広く福祉施設や在宅サービスなどの現場にその姿が見えるようにして、国民のニーズにこたえられるようにする必要がある。任用資格としての位置づけを福祉の各職場に拡大しなければならないし、公務員で社会福祉事業に従事する職員の福祉職俸給表を制定し、医療や教育と同様に、専門職としての社会的な処遇の位置づけを明確にすることも重要である。

【③ 日本医療社会事業協会の意見「精神保健福祉士（仮称）法案の概要（検討中）」についての意見（1997年4月1日）】

精神科ソーシャルワーカーについては、精神保健法改正において国家資格化に関する衆参両院の付帯決議が行われるなど、社会的要請が高いことを認識している。また、傷病者・障害者へのソーシャルワークサービスの普及と定着および質の確保、ソーシャルワーカーの身分保障等の観点から、保健・医療分野におけるソーシャルワーカーの国家資格は早急に確立される必要があり、社会福祉学を基盤とする包括的で整合性のある国家資格が望ましいと考えられる。

医療ソーシャルワーカーと精神科ソーシャルワーカーの業務は、「医療ソーシャルワーカー業務指針」及び「精神科ソーシャルワーカー及び臨床心理技術者の業務及び資格化に関する研究」において、保健・医療分野での社会福祉を援助する業務であると整理された。さらに、他の障害者と並んで精神障害者は「障害者基本法」の対象として規定された。

これらのことから、両者を区別することなく、傷病者・障害者に対するソーシャルワークサービスについて、総合的に考える必要があることが分かるだろう。そこで、保健・医療分野のソーシャルワーカーの国家資格化を検討する場を早急に設けて、社会福祉学を基盤とする包括的で整合性のあるソーシャルワーカーの国家資格を実現させることが望ましいと考えている。

このほか、日本心理臨床学会、日本医療社会福祉学会、地域医療研究会等からも、法案に反対する意見が相次いだ。ほとんどの主張は共通していた。すなわち、ソーシャルワーカーの国家資格は社会福祉士で一本化すべきであり、新たな資格の創設はソーシャルワーカーの仕事を分断し、医療・福祉の総合を図ろうとする社会の動きに逆行しており、行政改革の流れにも反している、というものだった。

精神科ソーシャルワーカーからも、反対表明が出された。そこでの批判は、利用者である「精神」障害者を特別視する制度であり、それは精神障害者に対する社会の差別意識を助長すること、「精神」障害者は、その障害に限定された視野と理解しかない「精神保健福祉士」という中途半端な担当者による相談援助をうけることになってしまう、というものであった。

これらの批判に反論の余地はない。さらに言えば、ソーシャルワーカーの国家資格を一本化することがどの団体にとっても最重要課題として認識されていたことは、いくら強調してもしすぎることはない。

日本精神医学ソーシャル・ワーカー協会も、可能なら統合した資格を望んでいたであろう。これらの団体が、ただ反対表明をするだけでなく、保健医療領域のソーシャルワーカーを社会福祉士に包含しようとする動きを、政治的にも社会運動的にも積極的に展開していれば、後々まで続いた感情的な問題もいくぶんかは和らいだにちがいない。

精神保健福祉士法がもたらしたもの

私自身もまた、当時大阪精神医学ソーシャル・ワーカー協会の運営委員として活動しており、終始、社会福祉士一本化を志向していた。

冷静に考えてみよう。社会福祉学に基盤を置くソーシャルワーカーが分野別に資格化されることじたい、不自然なことではないだろうか。医療福祉士法案にも、同じ趣旨から反対した記憶がある。

だが、そんな私でも、日本精神医学ソーシャル・ワーカー協会の執行部は、四面楚歌の状態だったにもかかわらず、精神保健福祉士法をよく実現させたと感心する。その原動力となったのは、「精神障害者の社会的復権と福祉の向上」に寄与しなければならないという、協会の社会的使命を何より優先した使命感であった。

前出の大野はこう述べている。「より重要なのは、それでもなおかつ単独立法への道を選択した協会の主体性の問題である。それは、精神障害者の福祉を担う立場にある精神科ソーシャルワーカーが、日本の精神障害者施策が世界の批判を浴び、法改正がなされていく過程の中で、それまでわが国の精神医療に関わってきた自らの社会的責務と存在意義について改めて考えざるを得なかったのである。そして、法改正の柱となった「精神障害者の人権擁護と社会復帰の促進」はまさに精神科ソーシャルワーカーが担わなければならない課題であると自らを奮い立たせたからに他ならない。そこには、これまで不十分であったことの自省も込めた決意があった」「国家資格は専門性を発揮できる条件であり、それはかなえられた。後はいかに専門性や実践を充実したものにするかである」（二〇一八年六月一七日 日本精神保健福祉士協会勉強会資料）。

包括的なソーシャルワーカー資格ではなく、限られた領域のソーシャルワーカーとして、しかもソーシャルワーカーではなく、国の定めた精神保健福祉士を名乗ったという意味で「名」を捨てた。そして、精神障害者の人権擁護と地域生活支援の推進、社会的入院の解消と、精神障害者を対象とする保健医療福祉の充実のために、これを担う人材として国から承認されるという「実」をとった。これらの判断が正しかったのかどうか——資格化されて20年が経ったいまも、答えは見つからない。

たしかに、退院後生活環境相談員、退院支援員、地域移行支援室、その他、病棟の専従配置などは、医療機関において必要な人員基準とされるようになり、診療報酬への反映や病院に雇用される精神保健福祉士の人材確保などの重要性も認識されつつある。

ところが、「専門性を発揮できる条件」を得たにもかかわらず、社会的入院者の数は思うようには減らず、地域の生活支援体制も脆弱なままである。結局は、自分が雇用されている機関のあり方に自分の業務が左右される状況は、20年を経たいまでも大きく変わっていない。まさにこれは、第2章で中島さんが指摘した問題そのものである。

精神保健福祉士法の理念のもと、専門職としての業務にふさわしい裁量権を確保するためには、医療機関に身を置きながら、「医師の指示」という絶対的なしばりを、「主治医の指導」に変えねばならない。

先輩たちは、まさにその実現をめざして、多大なる努力をして資格化に取り組んだ。いまの精神保健福祉士たちに、そのことがどれだけ意識され、実践に結びついているだろう。

有資格者ばかりの医療機関では、資格は必要最低限の条件だ。どれだけチームのなかで有効に働けるか、他の専門職と伍していける力量が備わっているかが問われている。

精神保健福祉士の専門性の基盤は社会福祉学にあり、基本理念は「権利擁護と自己決定の原則」である。精神科に特有の強制入院や隔離拘束、社会的入院などは、患者の意思や権利をやすやすと蹂躙してしまう。

精神保健福祉士は患者を擁護する側なのだから、医療の論理と真っ向から対立しなければならない場面もある。力量のない精神保健福祉士の主張は通るはずもないが、幕下と大関ほどの力の差はあっても同じ土俵にあがることができるというのが、資格の持つ意味ではないだろうか。

「Y問題」が促した反省、継承されぬ反省

むろん、そうは言っても、精神科ソーシャルワーカーは、医療機関や地域の事業所などで確実にその地歩を築いてきている点は、指摘しておかなければならない。

その背景には、①精神科医療の構造的変化や、入院中心から地域生活中心へという国策

の転換に対応して有効に機能する人材が求められたこと、②医療現場においては多職種によるチーム医療が基本になるなか、自らの存在意義を常に明確化・差別化しなければならなかったこと、③精神科医療の現場は、私たちソーシャルワーカーが価値とする権利擁護や自己決定の原則を脅かす場でもあり、それゆえに精神保健福祉士はつねに葛藤や自己矛盾を抱えながら自らの仕事に向き合わねばならなかったこと——などがあった。

手前味噌とのそしりを覚悟で言えば、きびしい職場環境が、精神保健福祉士の力量を底あげし、役割期待につながっていったのではないかと思う。

だが、決してそれは平坦な道のりではなかった。資格化される前の日本精神医学ソーシャルワーカー協会は、その活動方針を大きく転換させるような事件を経験していた。「Y問題」である。

当時、大学受験で両親と対立していた息子Yさんに関して、両親は市の精神衛生センターに相談をもちかけた。担当した精神科ソーシャルワーカーは、本人に会うことなく精神障害と判断し、病院等と連絡調整を行った。これをきっかけにYさんは強制入院させられることになってしまう。

その後、不当入院や入院中の処遇をめぐって病院を相手に訴訟が起きた。その責任の一端は精神科ソーシャルワーカーにあるとして、日本精神医学ソーシャル・ワーカー協会の全国大会で、精神科ソーシャルワーカー業務の加害者性に関する問題提起が、Yさんとその両親からなされた。これが「Y問題」だ。

精神科ソーシャルワーカーの関わりが、たとえ違法性がなくても、結果として人権侵害をもたらすという、精神科ソーシャルワーカーの加害者性が、当事者から鋭く糾弾された事件であった。これを契機に協会活動の中心軸は「精神障害者の社会的復権と福祉のための専門的・社会的活動」へとシフトし、精神科ソーシャルワーカーは、精神障害者の人権擁護を実践と活動の中心に据えた専門職であることが明言された。

この「Y問題」への取り組みという歴史、苦い経験なしに、今の日本精神保健福祉士協会は存在しないと言っても過言ではない。

しかし、私たちの現状、そしてこれからは、きわめて厳しい状況にある。

8万人強いる現在の有資格者のなか、この協会の構成員はその2割にも届かず、その構成員でさえ、「Y問題」を継承する生涯研修制度を受講するのは4割にも満たない。資格制度は、いったん誕生すると、その趣旨から離れて独り歩きするのが抗いがたい宿命なのかもしれない。精神科ソーシャルワーカーもその例外ではない。

資格の創設に尽力された先輩諸氏からは、非構成員に限らず、「資格ができてソーシャルワーカーがいなくなった」「法定化された仕事、組織から与えられた業務に疑問を抱くこともなく有能にこなすことで事足れりとするのは、精神保健福祉士であってもソーシャルワーカーとしての専門性はない」ときびしい批判を受ける。

精神科ソーシャルワーカーが目指したものは、精神障害者一人ひとりの痛みに共感し、それをバネに精神医療改革と、精神障害者を排除する社会を変革することであったと思うが、どれほどの精神科ソーシャルワーカーがそのことを自覚しているだろうか。

その原因の一つは、精神保健福祉士の受験資格があまりにも甘いことがあるのかもしれない。受験資格こそ社会福祉士のそれに倣《なら》ったようだが、合格率は精神保健福祉士の方が圧倒的に高い。通信教育でも取得できる、高校に行かずとも取得できる、そのようなものがはたして専門職の資格だと言えるだろうか。

養成の段階でも、ソーシャルワーカーであることの使命や責務がきちんと教えられていない。カリキュラムのなかにソーシャルアクションが十分に位置づけられてもいない。それゆえ、卒後の研修を義務と考える人は限られ、職能団体に属する人も少ない。

少子化の影響もある。若年層の減少によって、福祉学科を専攻する人は減少傾向にあり、なかでも精神保健福祉士のコースを選択する人は少ない。このため、4年制の福祉系大学では精神保健福祉士の養成を取りやめるところが増えてきている。

さまざまな分野でのソーシャルワークが地域で求められる時代にあって、また、あらゆるライフステージにメンタルヘルスの課題を抱えた人を生みだす社会にあって、人びとの暮らしを支える精神保健福祉士が足りないという状況は、早晩やって来るだろう。

ハッキリ言おう。これは社会の危機なのだ。「精神障害者の社会的復権と福祉の向上」から「国民全体の精神保健の保持・増進」までという高い理念を掲げたところで、それを担う人材が払底しては元も子もない。

じつは、こうした人材不足は、社会福祉士にも医療ソーシャルワーカーにも当てはまる。だからこそ、関係団体が共同してソーシャルワーカーの認知度、あえて言えば、訴求力を高めていくような運動を展開しなければならないのだ。そして、その旗印となるのが、ソーシャルワーカーの資格統合であり、組織統合なのである。

意欲的で利他性という志を持った多くの人材を確保するため、統合されたソーシャルワーカーの資格を創設するとともに、ソーシャルワークの醍醐味やこの職業の魅力を伝えられる教育や養成が必要であろう。ひいてはそれが、精神科ソーシャルワーカーのめざした精神医療の変革や精神障害者の権利擁護につながると私は信じたい。

成立経緯が異なる二つの法

これまでの記述を振り返ってみると、社会福祉士・介護福祉士法と精神保健福祉士法との間にはその成立の経緯に大きな差があったことがわかると思う。

私は精神保健福祉士法に反対した立場であるし、資格統合・組織統合の重要性を強く感じている。ただし、さすがにアイデンティティは、精神保健福祉士、もっときちんと言えば、精神科ソーシャルワーカーにある。そのため、どうしても精神保健福祉士に偏った記述になってしまうことをあらかじめお断りしておきたい。その上で、社会福祉士・介護福祉士法と精神保健福祉士法のちがいについて考察を続けたい。

まず社会福祉士・介護福祉士法は、どちらかといえば、福祉現場で働く当事者たるソーシャルワーカーが、自分たちの必要から資格を求めたわけではなかったように思う。

それまで福祉関係の職種は、福祉各法やそこで定められた最低基準ですでに業務や配置が規定されていて、あえていえば資格がなくても施設基準に照らして必要な人材とされていた。

社会福祉士の第一回国家試験の合格者数はわずか180人で合格率17・4%だったことからすると、社会福祉士になろうとする動機の弱い人が多かったのではないだろうか。ちなみに、精神保健福祉士の第一回合格者数は4338人で、合格率は89・1%であった。

低経済成長・高齢化という社会構造の変化のなかで、民間企業の振興、シルバー産業の拡大をねらい、そこに国家資格という形で国が承認した人材を送りこみ、一定の質の確保を図ろうとしたことも、やはり大きかったと思う。

そのような背景があっても、その実現には、省庁間の調整や学術団体など幾多の壁があった。だが、前出の京極の言葉を借りれば、「神風が吹いたように」、この資格は当事者団体の中心ともいえる日本ソーシャルワーカー協会でさえ、さしたる議論もしないまま、成立を見たのであった。

この資格が成立した後、自らを専門職として確立するために、自身の専門職団体を組織することから始めなければならなかったことも、社会福祉士たちの苦労を大きくした。合格者数が少なく、有資格者のみの団体結成は困難であることを理由に、日本ソーシャルワーカー協会の社会福祉士部会として社会福祉士の組織はスタートした。

日本社会福祉士会が設立されたのは1993年のことである。「社会福祉士の資格は取ったけれど、社会福祉士ってなんだろう」といった、社会福祉士の資格をめぐる問い直しの時期を経て、日本ソーシャルワーカー協会という母体を離れて、社会福祉士による社会福祉士のための団体が設立されたのである。

だが、その後も、日本ソーシャルワーカー協会の倫理綱領がほぼそのまま採択されるという残念な状態が続いていた。独自の倫理綱領が採択されたのは、ようやく2005年になってからのことである。

一方、精神保健福祉士法は、前述のように難産の末に誕生した。資格化へ向けて中心となったのが、日本精神医療ソーシャル・ワーカー協会という職能団体だった。

協会にとって法定資格化は、１９６４年に発足した当初からの悲願だった。精神科ソーシャルワーカーの社会的立場の低さ、専門性の脆弱さを自覚し、国家資格化に取り組んだわけだが、前述の「Ｙ問題」をめぐって協会は混乱に陥り、機能停止にまで追いこまれた。

こうした危機的状況からの回復と再生を経て、実践と活動の中心に、精神障害者の人権擁護を据えた専門職集団として協会の活動は展開された。

１９８８年には、①業務の標準化、②倫理綱領の制定ならびに業務指針の確立、③精神障害者福祉論の構築を三大課題として、「Ｙ問題」を契機にいったんは棚あげにしていた、資格制度制定に向けた組織活動を再開させた。資格化が組上にのせられたときに、協会として「精神保健福祉士は何をする人か、何を基本理念として実践を展開するか」という議論がある程度進められていたことは、非常に幸運なことだったと思う。

こうした経緯のちがいは、二つの資格や団体を統合していくうえで、じつは、少なからぬ障害となっていくかもしれない。少なくとも日本精神保健福祉士協会には、苦心の果てに自らの力で資格を勝ち取り、実績を積みあげてきたという自負がある。

だが、そうした組織の分断・分立は絶対に避けねばならない。

精神保健福祉士の歴史から、社会福祉士に学んでほしいことはたくさんある。と同時に私たちも、自分たちの正当性やこれまでの闘いの歴史にあぐらをかくのではなく、すべてのソーシャルワーカーと、思いや経験を分かち合いながら、徹底したクライエントの権利擁護を実現していかなければならない。本当のゴールは、思いと自己主張を超えたその先にある。

新・養成カリキュラムの改正をめぐって

今後の資格・組織統合のプロセスにおいて、ソーシャルワーカーとはいかなる存在であり、いかなる理念を持つべきなのか、私たちは考えを共有しておかなければならない。だからこそ、前章で中島さんが指摘したように、ソーシャルワーカーの養成カリキュラムの改正は、きわめて重要な意味を持つ。

すでに触れたように、2018年8月から、社会福祉士の養成カリキュラムの改正が10年ぶりに検討されている。4カ月ほど遅れて12月には精神保健福祉士のカリキュラム改正の検討も始まった。私は日本精神保健福祉士協会を代表し、「社会福祉士養成課程における教育内容等見直しに関する作業チーム」と「精神保健福祉士の養成の在り方等に関する検討会」の双方に参画している。

新たに社会福祉士に求められているのは、「地域共生社会の実現に向けて、ソーシャルワークの機能を発揮し、制度横断的な課題への対応や必要な社会資源の開発、加えて地域住民等が主体的に地域課題を把握して解決を試みる体制の構築をすすめるといった役割を担うことが出来る実践能力を身につけること」である（「ソーシャルワーク専門職である社会福祉士に求められる役割等について」平成30年3月27日　社会保障審議会福祉部会福祉人材確保専門委員会（以下、社保審））。

精神保健福祉士に関して言えば、平成25年の精神保健福祉法改正による退院後生活環境相談員の創設、精神障害にも対応した地域包括ケアシステムの構築の推進、精神障害者の雇用の義務化、アルコール健康障害対策基本法およびギャンブル等依存症対策基本法の施行等があり、専門人材の育成・確保の必要性が強まった。こうした期待もあって、新しい状況に的確に対応できる人材を育成することが喫緊の課題となっている。

このように課題が多様化・複雑化するなか、ソーシャルワーカーの統合を図るためには、養成の段階からカリキュラムを見直す必要がある。だからこそ、今回の改正は、まさにグッドタイミング、いやベストタイミングだった。改正前の段階で、教育養成を担う社会福祉士養成校協会と精神保健福祉士養成校協会が、日本ソーシャルワーク教育学校連盟（以下、ソ教連）として組織統合されたことで、統合の動きは加速すると思われた。

だが状況はまったく予断を許さない。

現行のカリキュラムは共通科目が11科目、社会福祉士の専門科目が8科目、精神保健福祉士の専門科目が6科目となっている。学生がどちらの資格を取得するにせよ、ソーシャルワーカーの養成を目指すなら、その価値や理念は共通のものでなければならない。

また、ソーシャルワーカーがその支援の対象とする、疾病や障害、高齢などを理由に社会的に排除されやすい人びとにとって、今の社会はさらに生きづらさを増す状況にあることへの認識も共有されるべきであろう。

こうした意味で、ソーシャルワーカーを育成することを大前提として共通科目を増やし、学生の負担を減らすことやダブルライセンスを取りやすいようにすること、働きながら学ぶ学生に配慮することは、教育・養成をする側にも、現場や職能団体側にも、当初は等しく認識されていた。

しかし、現行の共通科目について、社会福祉士と精神保健福祉士それぞれの作業チームがその内容を検討・協議する時間を持たないまま、前者の作業チームは30年度末にいったん終了してしまった。遅れてはじまったとはいえ、後者の作業チームの検討はすでに最終段階に入っていたから、双方が協議するうえで混乱を招くような作業上のズレはなかったと私は認識していただけに残念だった。

これは社会福祉士側に問題があるということではない。両福祉士を所管する厚労省の担当部署の違い（社会福祉士は社会・援護局福祉基盤課、精神保健福祉士は社会・援護局障害保健福祉部精神・障害保健課）がまずあり、その縦割り行政の弊害がこうしたかたちで現れたというのが、正直な感想である。そもそも厚労省が、両資格を統合しようとは微塵も思っていないことは明白だった。

それだけでなく、養成を担うソ教連が、多数派である社会福祉士の養成により力を入れているように感じるのは、精神保健福祉士である私の僻目《ひがめ》であろうか。

だがこれは根拠のない不満ではない。

精神保健福祉士のカリキュラム改正の検討会は、前回の改正時と同様、当初、社会福祉士より1年遅れて始まる予定だった。ただ、前回の改正では、精神保健福祉士側は共通科目にコミットすることがほとんどできなかったという反省があった。そこで精神保健福祉士側は、今回はあえて、社会福祉士から遅れること4カ月の段階で議論を開始したのだった。

養成校団体が統合されたのにもかかわらず、共通科目を別々に協議することじたい、私には不思議でならない。くわえて、2つに分けられた検討会の開始時期をさらにずらすことに、いったいいかなる合理的な理由があるというのだろうか。

社会福祉士の実習時間を大幅に増やしたい（180時間→240時間）という提案もその証左のひとつである。座学を減らすことは共通科目を減らすことになりかねず、両資格の取得をめざす学生には大きな負担となる。養成サイドにも、両資格の統合はいまだ視野に入っていないように思われてならない。

越えるべき壁はまだまだ大きい。だが、私は決して絶望しない。

ソーシャルワーカー資格統合の必要性

前掲の社保審の「ソーシャルワーク専門職である社会福祉士に求められる役割等について」の報告書を見てみる。

そこでは、人口構造の変化や働き方の変化、家族構造の変化、地域のつながりの希薄化など、社会福祉士を取り巻く状況の変化を強調している。そのうえで、これに対応しつつ、複合化・複雑化した課題を受け止める多機関の協働による包括的な相談支援体制、地域住民等が地域の課題を主体的に把握して解決を試みる体制が必要だと指摘されている。

こうした体制を構築する担い手として期待されているのが、社会福祉士である。自殺防止対策、成年後見制度の利用支援、虐待防止対策、矯正施設退所者の地域定着支援、依存症対策、社会的孤立や排除への対応、災害時の支援、多文化共生、スクール・ソーシャルワークなど、きわめて広範な分野でのソーシャルワークへの期待が示されている。

精神保健福祉士にも同じように強い期待が寄せられている。

精神障害者に対する支援から、精神疾患・障害によって日常生活または社会生活上の支援を必要とする者、顕在的または潜在的に精神保健（メンタルヘルス）の課題のある者、そして国民全体の精神保健の保持・増進や精神疾患・障害の予防まで、医療・福祉の発展、法制度や施策の展開、国民の意識の変化等々、時代の変遷やニーズの変化を背景にして、精神保健福祉士への期待は確実に高まっている（「精神保健福祉士の養成の在り方等に関する検討会中間報告書」）。

より踏みこんで言えば、頻発する災害、深刻化する貧困、雇用不安、社会保障制度の劣化など日本社会の閉塞状況が誘因となって、生きづらさをかかえ、依存症、自死やうつ、社会的引きこもりなど、メンタルヘルスに問題を持つ人びとが生みだされている。

発達障害やＬＧＢＴなど、これまで顕在化してこなかった多様なマイノリティへの差別や排除など新たなメンタルヘルス課題もクローズアップされるようになってきた。凄惨な児童虐待の背景には虐待や貧困の世代間連鎖があり、親子ともに深刻なメンタルヘルス課題をかかえていることも指摘されている。

社会福祉士と同じく精神保健福祉士も、未知の領域に対して、これまでに培った知識や技術を活かし、地域住民や国民のメンタルヘルス課題の解決やその予防などに広く取り組む責務がある。

期待の大きさだけでなく、両福祉士を取り巻く状況も、これまでのように施設や病院といったハコモノから在宅中心の、地域を基盤とするソーシャルワークの展開が求められているという点では同じである。

一方は地域共生社会の実現に貢献する役割、他方は精神障害にも対応した地域包括ケアシステムの構築に向けた働きかけ。一見すると微妙なちがいがあるように見える。だが、いずれも「地域を基盤とする社会変革」が期待されているという点でちがいはない。

精神保健福祉士は今後、病院や施設を足場とした実践から地域生活支援へとその軸足をさらに移していくだろう。一方、社会福祉士が地域に根づいた活動を展開していけば、生活問題に苦しむ人の多くがメンタルヘルス課題をかかえていることに直面するだろう。

これから先、精神保健福祉士と社会福祉士の働く場が地域において重なってくることはまちがいない。そのとき、資格のちがいで問題を区別することなど可能だろうか。それは住民にとって不利益をもたらすだけでなく、ソーシャルワーカーに対する社会的な信頼の土台そのものを揺らがせることとなるだろう。

社会が危機的状況にある時代だからこそ、ソーシャルワークが求められている。そんな時代の転換点にあって、ソーシャルワーカーという存在が、もっともそれを必要とする人びとに対して、可視化されていない。

困難にあえいでいる人びとの多くは、ソーシャルワーカーにアクセスできずにいる。ソーシャルワーカーの社会的認知はソーシャルワーカーのためではなく、ソーシャルワーカーを必要とする人びとのためにある。そしてソーシャルワーカーの社会的認知度を引きあげ、質と量を確保するには、組織力や政治的アプローチが欠かせない。

さらに言うなら、ソーシャルワーク実践のなかでソーシャルアクションを展開すれば、権力との対峙が避けられない局面が必ずでてくる。

国の言う「地域共生社会の実現」というかけ声のもとでの地域福祉の推進は、生活上の多様かつ複数のニーズに対し、既存のサービスや制度を効率よく当てはめ、ネットワークを駆使し、不足分は、家族や友人、近隣住民やボランティアなどのインフォーマルサポートを活用することで解決という次元にとどまっているように思える。

だが、その先に制度や施策を変えなければどうにもならない事態が必ず起こる。

大半のソーシャルワーカーが被雇用者であることから、権力者への対抗、いわゆるパワー・オーバーの実践は、行政や所属機関との軋轢を生む。職能団体は完全にそれから自由だとは言いがたいにしても、団体に質量ともに力量があれば、個々のソーシャルワーカーのソーシャルアクションの展開を支えることが可能になるだろう。だからこそ、資格の統合と団体の統合が求められるのだ。

この章では、二つの資格が生まれた経緯を検証しながら、統合を阻む壁の存在を明らかにしてきた。こうした壁とは別に、以前から、資格の統合、ソーシャルワーカーの土台づくりの必要性が繰り返し叫ばれてきたのもたしかな事実だ。この原点に、いまこそ、私たちは立ち返らなければならない。

私自身、精神科ソーシャルワーカーとしての立場から、限定的な見かたにとどまっていることを自覚しているが、この章では他の団体や政府に対して、あえて批判的な主張を行ってきた。だが、ソーシャルワーカー当事者間の複雑な思い、組織形態のちがい、厚労省の担当部署のちがい、養成の問題などは、私たちのめざす社会の前では瑣末なことがらなのである。

第4章

ソーシャルワーカーはどこに立ち、どこに居場所を作るのか

加藤忠相

ソーシャルワーカーはどこにいるのか？

私は神奈川県藤沢市で小さな介護屋を営んでいる。看護師に医者、理学療法士に作業療法士、歯科医師、鍼灸師……当然だが友人には専門職もたくさんいる。だが、いきなり話の腰を折るようで申し訳ないのだが、ソーシャルワーカーどまんなかの、精神保健福祉士と社会福祉士で仲の良い友人はいない。時どき、名刺交換をする程度でしか、純然たる？ソーシャルワーカーという人種に出会ったことがない。

私がこの本に加わることとなった始まりはこうだ。

正直、ソーシャルワーカーを論じるこの著作を書くどころか、ソーシャルワーカーの定義すらよく分からないという、文章を書く権利があるのかどうかも疑わしいような状況で、井手英策さんから「ソーシャルワーカーの本を出そうと思うのですが、加藤さんも参加してくれませんか」と誘われたのだった。

のっけから言い訳がましくて本当に恐縮なのだが、僕は井手さんに言った。

「ソーシャルワーカーの本をだすのはいいと思いますけれど、ぼくはソーシャルワーカーにほとんど会ったこともないし、全然わかりませんよ」。

間髪入れず返ってきた井手さんの答えはこうだった。

「なに言ってるんですか。加藤さんのやっていることはソーシャルワークそのものじゃないですか！」。

もう一度言うけれど私は介護屋を営んでいる。あまり胸を張って言えることではないが、それなのに介護福祉士の資格もケアマネージャーの資格も持っていない、ヘルパー2級の資格だって持っていない。

そんな私がソーシャルワーカーだというのか。それが本当なのであれば、ろくに会ったこともない職種だと思っていたソーシャルワーカーは、自分に一番近い場所にいたことになる。自分なりのソーシャルワーク論を始めるきっかけはこんなところだ。

履きちがえられた「目的」

常日ごろ、医療や介護の関係者と仕事をすることが多い。だが、私たちの仕事の大前提であるはずの「目的」はなにか、という、この当たり前の出発点の時点で「なんかまちがってない？」と感じることが多い。

医療や介護の「目的」はなにかと問われたとき、私の仕事である介護であれば、目的は利用者を転倒させないことでも、風邪をひかせないことでもない。医療の目的だって同じだ。「健康にすること」が目的なのではない。

多死社会を迎えている日本において、医療や介護という道具を使って、目の前の人が、地域社会のなかで質の高い生活（QOL）をおくり、質の高い死にかた（QOD）をするためのサポート、つまり「杖」のような存在、それが私たちだ。あくまでも主役は目の前にいる当事者本人のはずである。

しかし、不思議なことにこの「杖」が主役を演じている場合が多く見られる。よく聞くフレーズで言えば「あなたはこの薬を飲んでおとなしく寝ていたほうがいい」がそれだ。自分の命を使って、自分の人生をどのように生きるのかを選択するのは、当然本人であるべきなのに、「専門職」とよばれる人間にその選択がゆだねられてしまうことが多く、まさに本人不在と言いたくなるような状況が現場にある。

それだけではない。その専門職なる人たちも、非常にせまい範囲での自分の専門性にしがみついてしまい、他者の意見に耳を傾けることなく、適切な支援を選択できていないようなケースを見ることが少なくない。

例えば、ポリファーマシーなどはその最たるものだと思う。ポリファーマシーとは、多くの薬を服用することで副作用等が生じることだ。

高齢者がいくつもの医院に受診にいき、いくつもの薬局で処方をしてもらう。普通に考えれば、85歳以上の高齢者が5錠以上の薬を飲んでいれば歩行はおぼつかなくなるだろうし、はっきり言って危険でさえある。

医者は「自分の専門は「〇〇科」だから」と、患者が他のドクターにかかっていることを考えようとしなかったり、薬剤師は薬剤師で「お医者さんが書いた処方箋だから」と多剤併用の可能性を考えないで薬を出してしまったりする。良かれと思ってしている仕事だろうが、かえって市民にとって有害なものになってしまっているケースは少なくない。

リハビリでも同様のことがある。回復期病院などで、「時間になったから歩行訓練を」というのはよく見かける光景だ。

そもそも、その他の時間を一日中ベッドで過ごしておきながら、回復もなにもあったものではないと思う。でも、もう少しまじめな話をしておけば、若者と高齢者では体のつくりがちがっているという大切な視点がまったく抜け落ちてしまっている。

若者であれば卵1個のたんぱく質を摂取して運動すれば筋肉になる。しかし、高齢者はたんぱく質の吸収率が悪いため、卵を4つくらいとらなければ筋力にならない。それなのに、食事の摂取量などを考えずに、「時間になったから」「自分はリハ専門職だから」と歩行訓練を繰り返していけば、単に高齢者をやせさせるだけに終わってしまう。

本来であれば、リハビリ職と栄養士の連携がなされている、もしくはリハ職であろうと常に食事に対して意識をもって仕事にとりくむなどの発想が必要になってくるはずだ。入院中の病院食なども栄養価だけ見れば適切なのかもしれないが、たいていの場合、質、量ともに適切ではないケースをよく見かける。

病院内の栄養士さんに聞くと、病院「経営」との兼ねあいから、高タンパクの食事を提供することはなかなか難しいらしい。だが、医療や介護が食べることと強い結びつきがあるという、この当たり前の問題を考えられない時点で栄養士さんは責任を果たせていないと思う。

歯科医師の口腔ケアだって変わらない。虫歯を治すのが目的なのではなく、最期まで口からおいしく食事を取り続けること、その人の幸福な人生が目的だということを理解している専門家がどれくらいいるのだろうか。

お年寄りに太ってもらう

私が提供している介護事業所、「あおいけあ」は、世界的に見ても稀な事業所だと言われることがある。訪れたみなさんからは「利用者さんが認知症に見えない」「高齢者が活き活きとしていてスタッフと見分けがつかない」などと言っていただくことが多い。本当に嬉しく、ありがたいことだと思っている。

ただ逆に、「やっかみ」ととれるような評価をいただくことも多い。「加藤のところの高齢者はじつは認知症ではない」「面倒を見るのが楽な高齢者ばかり集めている」「楽しそうでいいですね、うちは歩行もできないような人ばかりですから、こんな雰囲気にはならないんです」といった言葉を何度もぶつけられた。

そもそも、「あおいけあ」は居宅支援事業所をもっていないので、自分たちにとって都合よく手のかからない高齢者だけを集めることはできない。むしろ、ほかの事業所では手がかかりすぎて「帰宅願望が強い」とか「認知症状が強い」といわれた人たちが紹介されてくるケース、DVやゴミ屋敷問題でサービス提供にすらいたらずに紹介されてくるお年寄りのほうが多いくらいだ。

私から見れば、たいていの場合は、本来は移動の手段のための車いすで一日中過ごしている環境に疑問を持っていなかったり、リスクマネージメントと称して、歩く能力がある高齢者を室内であっても車椅子に乗せっぱなしにしている人たちの言い分で、それが「やっかみに聞こえる言葉」だったりする。

先に触れた食事もそうだ。「あおいけあ」は介護保険事業を提供している会社ではあるけれども、事業所内に委託のかたちで地域向けのコミュニティレストランをひらいている。運営主体の「菜根や」さんは、もともと北鎌倉駅前で日本食のレストランを構えていた。だが、懇願して移転してもらい、私たちに小規模多機能居宅介護事業所の給食を提供していただいている。

なぜそこまでやるのか。それは利用者に美味しく食べてもらい、太ってほしいからだ。日本の高齢者の死因の第1位は肺炎である。第2位は骨折などによる体力の低下を原因とするものだ。じつに、日本の高齢者の6割がこれにあたる。俗にフレイル（虚弱すること）が主な原因なのである。

多くの場合、人間は加齢とともに衰えていくが、フレイル状態になることでその衰えが急速に加速する。フレイルの主な原因の一つは「低栄養」だ。高齢者に多く見られるが、「おなかが空かないから菓子パン一個で十分」とか「夫婦でコンビニ弁当半分ずつ」などの食生活が常態化することでフレイル状態になり、肺炎や骨折を引き起こし、亡くなる。

第1章でも触れたように、医療と暮らしの断絶は本当に深刻だ。

肺炎で入院すると絶食になることが多い。治療として胃瘻《いろう》をすることも少なくない。本来は、歯科医からの適切な口腔ケアなどで食べられるようになることが多いにもかかわらず、である。食べられないことにより衰弱し、入退院を繰り返し、胃瘻の管理などで、医療費や介護費が増大するケースは本当によく見られる。

一般には、太りすぎることは良くないことだと思われがちだ。しかし、60歳を超えたら徐々に太っていき、ＢＭＩ25くらいの体型の高齢者が一番元気で長生きするというデータがある。ほどよく太るというのは高齢者にとってとても大切なことなのだ。

「CURE」ではなく「CARE」

思い切って言おう。医療予防よりも、介護予防よりも、食事をしっかりと摂ることが一番の予防になると私は思っている。おそらくは、一番楽しく、一番安あがりで、一番気軽な予防だと思う。だけど、この当たり前のことをやれば、世界でも稀有な事業所となってしまう。なにかおかしな話だ。

これを反対側から見れば、病院においても、介護現場においても、この食事について力を入れていないケースが目立ち過ぎるということだ。「菜根や」さんに食事の提供をお願いするようになってから、「あおいけあ」の各事業所における残食率は目に見えて低下した。

それもそのはずだ。日本食の板前である「菜根や」の片倉希輔さんは、加工品や化学調味料をいっさい使わない。毎日、かつおだしをとり、野菜は地域の若手就農家が届けてくれる有機無農薬野菜が大半だ。魚も同じで、片倉さんが毎日、地元の小坪《こつぼ》や腰越《こしごえ》の漁港に行って漁師さんから直接仕入れてくる。入れ歯をはずしてしまっているお年寄りでも噛めるように工夫を凝らしながら食事を作ってくれている。

以前、事業所の介護度の進行を調べたスタッフがいた。事業所のお年寄りの1年間の介護度の変化を見てみると、3割くらいの利用者の介護度が改善していたことがわかった。75歳以上の後期高齢者も含めて、だ。

それ以前は、1年間で介護度が悪化する高齢者も多く見られたが、特筆すべきは、介護度が悪化した高齢者がまったくいなくなったことだ。これは体感でしかないが、寝たきりになって亡くなる高齢者も明らかに減ったように感じる。

「あおいけあ」では、看取りまでお付きあいさせていただくことを目標にしている。事業所でのお看取りも決して珍しくはないが、最近感じるのは、その日まで歩いていてお亡くなりになるケースがよく見られるようになったことだ。

もちろん、歩けない状態でサービスの利用を始めた人たちがしっかり自分で歩けるようになる、そんなケースはいくらでもある。だが、私たちがめざしているのは、歩けるようにすること、つまり「CURE」ではなく、歩こうという気持ちを支えること、つまり「CARE」することなのだ。

このちがいはとても大事だ。

「菜根や」さんは、お昼からは地域のみなさんの食堂になるようにお店を開放している。介護事業所に地域の人たちが食事をしにくることは稀だろう。だが私は、それによって地域のみなさんのヘルスケアにつながると思っている。

思わぬ「副作用」があった。お昼ご飯を食べにくる常連さんには、訪問在宅診療所や訪問看護事業所のドクターや看護師さんなどが多い。イベントをひらかなくても地域の医療介護連携が日常的に図れるようになったのだ。

むしろ、高齢期や慢性期医療についていえば「治せない病」のほうが多い。若いころは病気を根治する医療である「CURE」は希望だが、高齢期はその病気を治すのではなく、病と付き合って生きていくことのほうが多い。

つまり、「CURE」ではなく「CARE」になるという観点から見れば、医療介護連携ではなく「医療も介護もいっしょ」という発想になって当然なのだ。

在宅医療を提供するドクターの多くが、「高齢期に僕たちができるのは疼痛ケアと死亡診断書をかくこと、つまりほとんどがCAREなんだよね」と話してくれる。その意味では、介護職だって医療を施せなくても医療を理解する姿勢が必要だし、医療職であっても地域における介護を理解する姿勢が必要なのだと思う。

専門性だけならサービス・プロバイダー

食事くらいでここまで語るか、と思われるかもしれない。

でも、「私たちは介護屋だから」と食事に興味を示さず、リハに、薬に、医療に……さまざまな専門に対して壁を作って「自分の専門はこれ！　これだけやっていれば仕事をしている」とやっていたのでは、高齢者のＱＯＬもＱＯＤも満足なものにすることはできない。

介護職の私に言った井手さんの「加藤さんのしていることはソーシャルワークですよね？」という言葉をもう一度思い出してみる。

以前、井手さんが酒を飲みながら「加藤さん、ＣＡＲＥっていうじゃないですか、ＣＡＲＥの日本語訳って知っていますか？」と質問してきた。

え…介護？…面倒をみる？　言葉に詰まった僕を見ながら、井手さんは笑ってこう言った。「ＣＡＲＥは動詞で『気にかける』ですよ。友人の受け売りですけどね」。つまり、福祉を施すでもなく、治してあげるでももちろんなく、目の前の当人の生活が成り立つように「気にかける」ことがＣＡＲＥだというのだ。

井手さんは「サービス・プロバイダー（サービスの提供者）」という言葉も使う。つまりＣＡＲＥをする私たちは、専門性をよりどころとして「誰かの面倒をみる」サービス・プロバイダーなのではなく、周りの人たちがうまくいくよう気にかけながら支えていく「糸」をたくさん張り巡らせるような存在にならないといけないのだということかもしれない。

以前、東京大学先端科学技術研究センター当事者研究分野准教授の熊谷晋一郎さんが「自立していない状態」について話をしていたことを思い出す。

熊谷さんは、「自立していない状態」というのは、頼る先が一本のロープしかない状況のことだと言った。障害を持つ子の母親がその一例だ。子どもにとっては母との絆は「太いロープ」だが、もしもこのロープが切れてしまったら生きてはいけない。だから依存をしないと生きていくことができない。

「自立している状態」というのは、ロープほど太くなくとも何本ものひもや糸で支えられていて、もしもその中の一本が切れてしまったとしても平然と生きていける状況のことをいうのだ、と。

もし、ソーシャルワーカーがCAREの担い手だというのなら、たしかにいまの自分の仕事はソーシャルワークであり、いまの僕はソーシャルワーカーなのかもしれない。

私の死生観

話がそれるようだが、ここで恩師の話をさせてほしい。

私はいまでも週末になると、「ナカザワ・キネン野庭《のば》吹奏楽団」という一般市民バンドで演奏をしている。

小学生、中学生時代、体も気も弱くいじめられっ子だった私は、高校に進学するのが嫌で嫌でしょうがなかった。学力もなく運動のセンスもなく人の顔色ばかりうかがっていた私にとって、高校という場所は「いじめがひどくなる場所」というイメージしかなかった。

中学三年生の時、同級生のほとんどが受験勉強のために部活にはいかない時期に、なぜか私の担当しているパートは3年生4人でアンサンブルコンテストに出ることになった。

進路を考えるとか、受験勉強をするといったことに後ろ向きな私にとっては、絵に描いたような現実逃避だったが、とても楽しい時間だった。

結果は神奈川県大会で金賞を受賞した。人並みに何かができると思えなかった私が単純に考えたのが、「この楽器だったら神奈川県内で5本の指くらいには入れるかもしれない」だった。そんなきっかけで、当時は学区外で非常にリスクは高かったが、志望校を県立の吹奏楽強豪校にした。

無事に合格した私は意気揚々どころか、背水の陣の気持ちで吹奏楽部のドアをたたいた。吹奏楽にすべてを賭ける覚悟でこの高校に来たのだから。

この吹奏楽部の指揮者が恩師中澤忠雄先生だった。先生は、NHK交響楽団や読売日本交響楽団などでチューバ奏者として活躍したのち、神奈川県立野庭高等学校吹奏楽部の指揮を執ることになった。野庭高校は何度も全国大会のステージで演奏をする強豪校だったから、新入生にしてみれば神様のような存在だった。

入部早々、「オーディション」がおこなわれた。コンクールに出るメンバーを公平に選ぶため100人近い生徒たちがひとりずつ、先生と20人近い卒業生の前で演奏をし、それが採点される。結果、私は1年生で一番の点数を獲得した。

その日のかえり、昇降口でOBに「先生が呼んでいる」と呼び止められた。恐る恐る音楽準備室に行くと、たくさんのOBに囲まれたなかで中澤先生に「君、うまいね」といわれた。おそらく、私の人生のなかでもっとも重要な分岐点がここだった。

「これしかない」と思い込んだ私は無我夢中で練習した。仲間たちにも必死になって想いを伝えた。3年生になったとき私は部長になっていた。全国大会のステージに立つこともできた。最高の3年間だった。

ところが卒業後しばらくして中澤先生は癌に侵された。東北の大学に進学していた私は、近くで先生をサポートすることができず申し訳ない思いでいたが、その年も入院中の中澤先生に代わってOBが指揮を執り、全日本吹奏楽コンクール全国大会出場を決めていた。

中澤先生は「全国大会はわしが指揮を振らなきゃダメや」といいステージに立つことを覚悟していた。音楽というのは、奏者が同じであっても、指揮者が変わるだけでまったく別の楽団になるからだ。

先生は入院中の病院に一時退院の申請をだした。ドクターからの返事は「そんな状態でなにかあったら困るでしょう？　一時退院は認められない」というものだった。一時退院を認めてくださいと食い下がる中澤先生にドクターはこう言い放った。「責任が取れないので退院してください」。

全国大会が行われる東京杉並の普門館《ふもんかん》には特別にベッドが運び込まれ、卒業後に看護師になったOGが付き添った。恰幅のよかった先生が着ていたスーツはダボダボになっていた。「課題曲・自由曲あわせて12分間……はたして立っていることができるのか」そんな不安をよそに演奏は始まった。

のちに吹奏楽関係者から「野庭サウンド」と呼ばれることになる、まるで管弦楽のようにブレンドされた響きを会場に響き渡らせたその演奏は、その年の総得点において最高点、日本一の演奏になった。そしてほどなくして中澤先生はこの世を去られた。

もしもこの年、ドクターの言うとおりに先生が安静を選んでいたら、おそらく私がいまでも楽器を吹いていることもなければ、恩師の名前を冠したOB楽団「ナカザワ・キネン野庭吹奏楽団」を作ることもなかったと思う。最後に先生が教えてくれたのは「自分の命の使いかた」だと思っている。

人は最期の最期まで命を燃焼し尽くして逝くのであって、やりたいことを、やるべきことをやり尽くして亡くなるのであって、延長戦を仕方なく生かされているわけではないし、専門職の都合で「動かないでください」「寝ていてください」と制約されて生きながらえるのでもない。これが私の職業観の原点だ。

60年前の介護をいつまで続けるのか？

そんな私からすれば、いまの介護の現場には、勘違いがあふれかえっているように見えてしかたない。自分たちの仕事をいまだに「療養上のお世話」と思いこんでいる人が、それこそ介護保険制度で報酬を受け取っている介護職員のなかに大勢いる。

これは1963年の「老人福祉法」の発想そのものだ。老人福祉法じたいがなくなったわけではないが、すでに60年以上前、私が生まれる前の発想だ。

当時は、数の少なかった日本の高齢者を、国の税金を使って看てあげましょうという措置制度だった。つまり介護は純然たる「福祉」だった。療養上のお世話を提供するサービス・プロバイダーで正解だったのだ。

しかし、ご存知の通り、団塊の世代が高齢者になる2025年にむけてこの制度では高齢者を支えきれなくなるということは、当然、ゴールドプランなどを通じてわかっていたことだった。だから2000年から介護保険制度がスタートした。

しかし、残念なことだが、介護保険制度で報酬を得ている介護職であっても、介護保険法を読んだことがない人は少なくない。制度的には「フルモデルチェンジ」をはたしているにもかかわらず、古い頭のまま介護を提供している介護職ならびに介護事業経営者が非常に多いのだ。

たとえば介護保険法第2条第二項をみてみよう。

前項の保険給付は、要介護状態等の軽減又は悪化の防止に資するよう行われるとともに、医療との連携に十分配慮して行われなければならない。

つまり、「軽減」にも「悪化の防止」にもならないような介護には保険の給付をしてはいけないないし、提供者側である私たちも保険請求をする権利はないのである。介護はしてあげる「福祉」ではなく、財源とのリンクが明確な「社会保障」になったのだ。医療保険と同じ土俵に上がったと考えればわかりやすいかもしれない。

仮に、あなたが骨折したとしよう。病院にいってドクターに相談したら、「お薬、出しておきますすね」といわれて葛根湯（風邪薬）やガスター10（胃薬）を出されたらあなたは怒るだろう。治らないからだ。あの医者はやぶ医者だと揶揄するだろう。社会保障は結果を求められる。介護事業提供者は結果をだしているだろうか？

介護保険は、受ける側にもよくなる義務があるし、提供する私たちにも、安くない保険料を毎月、年金や給与から天引きされている40歳以上の人たちに対して「おじいちゃんがこんなに元気になりました」「おばあちゃんは地域で健やかに暮らしています」といって、見ていただいて恥ずかしくない仕事をする義務がある。

「元気になったら介護保険報酬が下がってしまって困る」という介護保険事業者の声をしばしば耳にするが、本当にがっかりする。それが嫌なのであれば、最初から介護保険事業に参入しなければいいだけのことではないか。社会保障のレジームチェンジを理解していないで介護保険の仕事に参入することが、そもそものまちがいなのだ。

プラットフォームビルダーへの転換

つづいて第4項を見てみよう。

被保険者が要介護状態となった場合においても、可能な限り、その居宅において、その有する能力に応じ自立した日常生活を営むことができるように配慮されなければならない。

介護度3のお年寄りがデイサービスに杖をついてやってきたとする。毎日マシンに乗せて、運動をガンガンさせて、筋肉隆々になり、「要介護から要支援になったので卒業です」と言えるか。それでは済まされないのが介護だということをこの条文は示している。

お年寄りが歩けるようになっただけでは、多くの場合、「その有する能力」をもって地域社会のなかで日常生活を送ることはできない。だから2010年の「地域包括ケア研究会」において「地域包括ケア」という言葉が出てきたのだ。

もはや私たちの役割はサービス・プロバイダーではない。お年寄りが自宅に戻っても日常の暮らしを送れるようにすることが支援の目的だ。あえて言えば、私たちは地域のみなさんに、「これまで通りおかずをもっていってあげてくれないでしょうか?」「○曜日のゴミ出しの日にはお声をかけていただけないでしょうか?」とお願いの声かけをしてでも、お年寄りの生活をみんなで支える体制を作り出すことが求められているのだ。

それは、井手さんの言葉を使えば、サービス・プロバイダーからプラットフォームビルダーへという私たちの役割の大転換を意味している(井手英策『幸福の増税論』)。

これは高齢者に限定した話ではない。高齢者にくわえ、子どもや障害者も含めたすべての人たちがその地域のなかで人間らしく生きていけなければならない。もちろん、介護事業所という、本来的には高齢者のための場所であっても、子どもも高齢者も障害者も、みんながいっしょにすごして当たり前にしていくことを意味している。

誰かが誰かを支えてあげる仕組みではなく、お互いがそれとなく支えあっている居場所作りへと私たちの役割は大きく変化していくこととなる。「地域包括ケア」のあとに出てきたキーワードである「地域共生社会」はこうした方向性をさらに後押しするだろう。

私たち「CAREする人間」の仕事とは、結局、なんなのだろう。

少なくとも、介護保険報酬で仕事をしている私たちがやってはいけないことだけははっきりしている。それは、利用者に「害を与えること」「悪くすること」だ。

室内にいて、移動するわけでもないのに、一日中車いすに乗せていれば歩けなくなるのは当たり前である。ベッドに寝かせきりにされれば2週間で筋肉はほとんど機能しなくなり、歩けなくなる。

あるいは、認知症というキーワードを聴いただけで薬を飲ませようとする専門職、その求めに応じてマイナートランキライザー系の向精神薬を処方する医者もいる。脳の血流量が下がり、逆にせん妄状態になってしまう例をよく見かけるというのに。その挙句、「危ないから動かないでください」「寝ていてください」と、相手の動きすらも押さえつけようとする。

こうした一方通行のサービス・プロバイダーのマインドは、障害者や子どもの領域でも同じような問題を引き起こすにちがいない。

私には、事業者のサービス提供だけで人間が地域で安心して暮らしていけるわけがないし、そのような生活が幸せだとはとても思えない。2000年から始まった「自立支援」は最低限の責任だと思うが、それすらやる気がない専門職や事業者は社会の流れに逆行する存在だとさえ感じる。

こうした昔ながらの福祉は終わらせなければならない。そしてそれは、私たちが望むと望まざるとにかかわらず、「地域」をキーワードに生活者の権利擁護をめざすソーシャルワーカーへの道を歩んでいくことなのかもしれない。

アジアに学ぶ

最近、仕事でアジアの国々に行くことが多い。仕事がら、いろいろな場所に連れて行ってもらうことがあるが、本書で書かれたようなソーシャルワークの視点を持った人であれば思わずうなるような取り組みがたくさんあることに驚かされる。

アジア各国はヨーロッパよりも高齢化のスピードが速い。特に、韓国や台湾はその速度がとても速いことで有名だ。アジア各国には、「介護保険」はもちろん「医療保険」さえない国も多い。

社会保障がないと言えば、みながとても困窮しているように思われがちだが、市民が主体になって生活防衛をしていたり、国や自治体がわずかばかりの助成をすることで市民が連携していたりと、実に素敵な試みがたくさんある。

シンガポールを見てみよう。中心街のビルに住む富裕層はお金を持っているので医療の心配などまったく縁のない話だ。一方、周辺の高層団地に住んでいる人たちは、中心街に働きに出ていく労働者が中心であり、病気になると多額の医療費を払わなければならない。「健康にすごすこと」が生活を維持するうえでとても重要な意味を持つことは言うまでもない。とある団地にいくと、住民が材料を持ち寄って1階のスペースで食事を作って食べていたり、体操などをしている姿が見られた。公設のデイサービスではなく住民が自分たちのヘルスケアのために集まっているのだ。

団地の入り口には非常ベルのようなものがついている。どこかの部屋で高齢者が転倒や緊急事態で助けを求めるとベルが鳴り、部屋番号が表示され、それをみた住民が部屋に駆けつけて助け合うという仕組みだ。国によっては救急車を呼ぶことは有料サービスになる。そういった国では、お金に余裕がない人たちが、ここで紹介したような互助の仕組みを取り入れる必要はいっそう強まるだろう。

台湾のとあるデイサービスに行ったときのことだ。高齢者がみんなで真剣にコーヒーをドリップしていた。見学者である私たちが到着すると、われ先に「このコーヒーを飲んでみて！」とコップを差し出してくれた。どういうことかと尋ねたら、驚くような返事が返ってきた。デイサービスでコーヒーショップを出店するらしく、一番上手にコーヒーを入れることができた人がその店のマスターになれるというわけだ。

２０１8年10月には「あおいけあ」に、20人以上の台湾のお年寄りが見学に来てくれた。なかには認知症のあるお年寄りもいた。ちょうど運動会シーズンだったので、「日台対抗運動会」を楽しむこととなった。

この20人ほどのお年寄りは、自治体と地域の病院の出資で街中につくられた食堂で働いている人たちで、地域の人たちの食事を作り（台湾では家で食事を作らず、外食をすることが多いらしい）、食堂を経営することで稼いだお金を使って日本に「視察」にきたのだ。多少の障害があっても、とても活き活きとしたお年寄りばかりだった。

日本が進んでいるわけではない

一人っ子政策をとっていた中国でも高齢化問題は喫緊の課題だ。

上海では、2、3年前からはじまった「非公式介護」を推進していた。地域の人が在宅の高齢者を支える仕組み作りの一環で、行政が一般市民に対して研修会を開催し、地域の高齢者宅に訪問してもらって支援を行うというものだ。施設には入りたくない親を持つ家族には非常に好評だと言われていた。

「老々介護のネイバーズ作り」といった取り組みも印象的だった。ご近所でお年寄りのペアを作り、お互いに支えあってもらおうという取り組みである。

中国の介護問題は深刻な状況だ。中国の都市部はほとんどが高層住宅（なぜか7階建てがおおい）であるにもかかわらず、エレベーターがない物件が多い。安否確認が大変だし、買い物難民になるケースも増えている。

「ネイバーズ作り」はこうした問題を高齢者のボランティア活動で支えあうという取り組みだ。タイムバンクを取り入れて、お金による報酬ではなく、将来、自分に介護が必要になったときにそのポイントを使うことができる取り組みを実装している。

ハッキリ言えば、ケアフィロソフィーや、基本的なリテラシーなどの点で追いついていないところが見られるのは事実だ。だが、アジアの国ぐにでは、地域に残された共同性や人間と人間のつながりをうまく活かした「共生」のモデルが生まれつつある。「日本のほうが進んでいる」という見かたはもはや過去の話というべきだろう。

たしかに、世界で一番はやく、しかも一番困難なかたちで超少子高齢化社会に突入する日本の取り組みは、ある意味では最先端だ。だが、ビジネス化されすぎてしまっていたり、既得権益のある団体などが存在するために、いまあるものを漫然とやり続けることが仕事になってしまっているような面が多々ある。それらを変革するには時間がかかるし、職能団体が動けないことで、現状に対して柔軟な対応ができないことも多い。

いまの日本を見ていて感じるのは、一番先頭を走っていたはずが周回遅れのトップランナーのような状況になっているということだ。アジアの人たちは成功を追い求めるだけでなく、失敗に学び、そこからより良いものをしたたかに作りだしている。

大事なのは一人ひとりが生きる力を発揮することであって、専門職が専門性を振りかざすことではない。むしろアジア各国でみられるように、地域の資源を存分に活かしながら、行政などのサポートを引きだして、みなが楽しく生きていける状況を生みだしていくのがソーシャルワーカーの仕事ではないだろうか。

多様性を理解することが難しい社会

私の住む神奈川県では「津久井やまゆり園事件」があった。やまゆり園に入所していた、障害を持った人たちがたくさん殺傷された痛ましい事件だ。

いまの時代ほど「多様性」という言葉が声高に叫ばれる時代も少ないと思う。だが同時に、いまほど多様性が理解しにくい時代も少ないと私は思う。

以前であれば、三世帯同居が少なくなく、人間は歳をとれば、だんだん衰えるものであり、やがて死を迎えるのだということを、子どもや孫は実体験として知ることができた。きっと兄弟も多かったはずだ。

私の父は4人兄弟だったが、そのなかには手に障害を持った兄弟もいた。だからと言ってそれは特別なできごとではなく、家族のメンバーのなかに手の不自由な人がいたというだけで、みながそういうものだと受け入れ、ともに生きてきたと聞かされた。

しかし、現在の家族構成を見たらどうだろう。高齢者は別世帯で、孫は祖父母の暮らしぶりをろくに見たことがない。両親は共働きで夜にならないと帰ってこないため、会話も少ない。きょうだいも一人いるかいないか、それ以前に子どものいない世帯も珍しくない。

家族という単位には良い面、悪い面、さまざまな議論があることは承知している。だが、家族という最小単位にあってさえ、社会の多様性がとても希薄になっている現実から目をそらすべきではない。

かつては統計や税金の試算などに用いられていた「標準世帯」といわれた世帯、つまり、夫が働き、夫婦と子ども二人という世帯が明らかに少数派になっている。日本でいまもっとも多いのは単身世帯なのだ。

学校に行けば障害を持った子は別のクラスに分けられ、高校に行けば学力で分けられ、社会に出れば分業で人と人とが分けられる。そんな社会のなかで多様性を理解するのは困難きわまることではないだろうか。

かくいう私も、小学生の時に、地域の養護学校に通う保護帽子をかぶったこどもたちの集団を見ると、知らないがゆえに「あのなかに入ったら、なにかされるのではないだろうか」と勝手に妄想していたことがあった。

幸いにして、大学時代に障害児施設に泊まり込むアルバイトを長いこととしたので、そういった偏見はすぐになくなったが、それでもやはり、このような分断された社会のなかで多様性を理解するのは本当に難しいことだと感じる。

そんな社会だからこそ、居場所を作る

そのような反省があるからこそ、「あおいけあ」では、できうるかぎり「ごちゃまぜ」であることを当たり前にしようと思って頑張ってきた。

中学生の時に、両親に置き去りにされたブラジル人の男の子も、「あおいけあ」で働いている。小学校の時から7年間学校に行けなかった不登校の女の子が高校時代に「あおい

けあ」に来るようになり、厨房のお手伝いを始めた。いまでは彼女は自分の意志で福祉系大学に進学して、うちの事業所で週3日のアルバイトをしながら大学に通っている。

アスペルガー症候群で重度の自閉症だった男の子は、初めて自宅に伺った時、押し入れから出てきてくれなかった。お母さんに対しても「お母さんは何もしない、お母さんはなにもできない、全然ダメ」と言っていた。

だが、お母さんが「あおいけあ」で働く姿を見るうちに、「おかあさんがんばっている、ちゃんとしている」と認めはじめ、とうとう厨房で働くようになった。時には優しく、時には厳しく板前さんから調理の仕方を教えてもらいながら、いまでは魚の三枚おろしができるし、骨抜きも完璧だ。から揚げなども今では彼が担当している。

「あおいけあ」のスタッフは現在47名だが、そのうち7名は赤ちゃんや子どもと出勤しているお母さんだ。保育施設を併設しているわけではないので、当然、子どもと一緒に働くことになる。だから、どの事業所に行っても、子どもがワイワイ遊んでいる。

お年寄りは認知症があったり体が不自由だったりするが、とくにおばあちゃんたちは子育てを経験してきた人が多いし、長年、主婦として働いてきた人が多い。

彼女らは、当たり前のように子どもの面倒を見てくれるし、同時に、食事の準備や掃除、洗濯、買い物などいろんな協力もしてくれる。そのお年寄りの姿をみた地域の住民や子どもたちは、彼女らを認知症だとは思わないし、次第に高齢者に対するネガティブな発想も持たなくなっている。

この本を読んでくれているあなたが「あおいけあ」を訪ねてくれたときに、誰が障害者で、誰が不登校で、誰が外国人で、誰が認知症高齢者で、誰がスタッフで……とわからないと思う。だから、冒頭でも触れたが、私にとって「だれがだれだかわからないけど楽しそうですね」という感想をいただくのは、とても嬉しいことなのだ。

単に介護サービスを提供するサービス・プロバイダーではなく、子どものうちから多様性が理解できるようなプラットフォームを作りたい。もし、これまでの章で述べられてきたソーシャルワークの理念や本来の姿を心に刻んだ「専門家」がそうした輪にくわわってくれれば、一方的に誰かを支えてあげる空間ではなく、みんなが誰かに支えられているということを実感できる空間ができるのではないかと思う。

カテゴリとして介護職の私が「資格を持たないソーシャルワーカー」だとするならば、そして、多くの介護事業所や介護職がソーシャルワーカーになれていないとするならば、おそらくは、やるべき当たり前のことを当たり前にやれていないというところに尽きるのではないだろうか。

いつまで、「してあげる福祉」にしがみつき、自分たちの時間のリズムに高齢者を当てはめ、自分のペースに当てはまらない高齢者を「問題老人」とか「認知症だから」と言って切り捨てるのか。問題を高齢者の責任にして、「私たちは頑張っているんです、大変なんです、一生懸命頑張っているからしかたないんです」と自分を正当化し、相手の人生を管理しようとする。私たちがやるべきなのは支配じゃない。支援なのだ。

物理的に分断の壁を壊す

以上のような思いを実現したくて、「あおいけあ」では事業所を囲っていた壁を平成19年にすべて取り除くこととした。地域のみなさん、特に子どもたちが「遊びにいきたい」と思えるようにしたかったからだ。

屋根に登れたり、建物に登り棒がついていたり、誰でも自由に使っていいフリースペースの部屋が開放されていたり、事業所の2階には一般のアパートを付けて地域交流が円滑に進むようにしたり、そこで地域の若者が「亀井野珈琲」というコーヒー屋を営んでいたり、事業所と一体化されたコミュニティレストラン「菜根や」が地域のみなさんに食事を提供したり……「あおいけあ」は地域にひらかれている。

ちなみに、井手さんや神奈川の仲間たちと一緒にやっている「お伝の会（想いを伝える会の意味）」という勉強会がある（https://odennokaimail.wixsite.com/oden）。そこでは子どもや高齢者、障害者、外国人の権利問題など、県のあちこちで活動をしている仲間が集っている。

そのメンバーの一人で、神奈川県愛甲郡で社会福祉法人特別養護老人ホーム「ミノワホーム」を運営している馬場拓也さんは、弊社に見学に来たときに「これはうち（特養）でもできる」と、施設を囲っている壁を思いっきり破壊するイベントを開催した。地域の住民を巻き込み、ハンマーで「特養の壁崩壊」と銘打って、ベルリンの壁よろしく、みんなで壁を破壊したのだ。

壁が壊れたあとの庭の使いかたは、市民の人たちや、近隣の大学のデザインを学ぶ学生さんと話しあったという。地域の人たちが家庭菜園をできるようにしたり、実のなる樹木や植物をたくさん植えて子どもたちがそれを食べるイベントを開いたり。避難用のすべり台も、いまでは子どもたちの遊び場所に変わっている。散歩のときに休めるように配置されているベンチは、座面をとれば災害時に竈《かまど》として煮炊きができるようになった。

まだ壁を取り払ってから数年しか経っていないが、馬場さんの取り組みからはたくさんのエピソードが生まれている。

たとえば、お年寄りが「ちょっと買い物にいってくる」と、近くの商店に買い物に行くようになったそうだ。以前は壁があるからなのか、なんとなく自分を制止して、買い物に行くことじたいタブー視してしまっていたと馬場さんは振り返る。朝から外のベンチで座っているおばあちゃんに声をかけてみたら、ほかの自治体で捜索願が出ていた認知症を持つおばあちゃんだったなんてこともあったという。

以前は施設で高齢者がお亡くなりになると、裏口から出発する霊柩車をスタッフだけで見送っていたそうだ。ところがいまでは、これまで生活をともにしてきた高齢者や地域のお年寄りも一緒に手を合わせながらお見送りをするようになったという。

「私の時もこうやって送ってくれるんだよね」、そうスタッフと話す地域の人たち。霊柩車が出発する時には、道路を挟んだはす向かいにあるガソリンスタンドのお兄さんたちが脱帽して頭をさげて見送ってくれる。確実に地域が変わっている。硬い表現であまり得意ではないけれど、きっと中島さんや柏木さんの言う「社会変革」とはこういうことなのではないだろうか。

三人称（ひとごと）から一人称（自分ごと）へ

馬場さんが「特養の壁崩壊」を実行したのは折も悪く、やまゆり園事件が発生したすぐ後だった。県からも防犯カメラの設置についてのお知らせが回ってくるような、施設のセキュリティのあり方がやかましく議論されている時期だった。

防犯体制について神奈川県全域でピリピリしているようなそんなときに、社会福祉法人が事業所の壁を撤去するというのだ。「タイミング的にはすごく怖かった」と馬場さんが語ったのは本心だったと思う。

では、壁を壊すことでセキュリティレベルは低下したのか。僕にとってもっとも愉快だったエピソードを紹介しよう。

ある夜中に、お酒をのんだ馬場さんが地域住民と家庭菜園を見に行った。明け方に台風が上陸するという日だったので心配になり、スマートフォンの明かりをつけて野菜の様子を見ていたら、偶然、自転車にのったお巡りさんがそこを通りかかる。

「ちょっと！　あなた！　何をやっているんだ」、馬場さんは職務質問された。ギョッとしたと馬場さんは言う。しかたなく名刺をみせて事情を説明すると、お巡りさんは笑いながら、「最近、壁が撤去されたのでここを警らコースにしたのです。お伝えしてませんでしたかね。これからは来た時に、巡回したことがわかる紙をポストに入れておきますね」と話してくれたそうだ。

お巡りさんが見てくれるのならこんなに安心なことはない、かえって安全になった、お茶目に笑う馬場さんが印象的だった。

壁のなかに囲い込み、その壁のなかから「私たちのことを理解してください！」と専門職が声をあげたり、広報誌を配って理解を訴えるよりも、そのなかで認知症カフェやイベントを企画するよりも、分断している壁を取り払い、だれもが行きたくなるような場所を、一人称で考えることができるほうがはるかに意味がある。

そう、この「一人称」が大事なのだ。

医療や福祉の現場で感じるのは、決定的に一人称の視点が欠けていて、三人称でばかり対象を見ていないか、ということだ。

「あの人は認知症だから」とか「あの人は半身麻痺だから」とか、その人の欠けているように見える部分を探して、「あの人の困りごとはこれだからこうやって支援をしてあげよう」というような看護や介護の教育のしかたや支援のしかたが、医療介護、福祉の世界では当たり前のことになっていないだろうか。

私は両親や祖父母に「おまえが人にされて嫌なことを人にしてはいけない」と言われて育てられた。いじめられっ子であった私にとって、その言葉はとても重いものだった。でも、介護や福祉の世界での常識として、この感覚が麻痺していないだろうか。

私だったら、障害のある人やお年寄りを迎えに行く白い送迎車に「○○園」と大書されているあの車には絶対に乗りたくない。あなたの自宅に大事な車があるとして、その車に簡略化された緑色のひとの絵が全面に描かれ、「○○財団」と書いてあるとしたら、あなたはその車に乗りたいと思うだろうか。もし、そうすることで、その車を買うときの値段がディスカウントされるとしても……それでも私の感覚だったら絶対に買わないだろう。

では、なぜそんな車でお迎えに行くのだろうか。「あなたがたは社会的弱者でしょう？私たちは看る側の人間ですから」と公言しているのとどこがちがうのだろうか。

もう一度、問いかけたい。目の前のルーティンワークをこなすことで、自分たちの常識が固定化することで、無意識のうちに分断の壁を作り、その不可思議な常識でもって困っている人たちを勝手に定義づけてはいないだろうか。

ソーシャルワーカーとして働くとはどういうことか

政治哲学者であるハンナ・アーレントは、「「働く」は3つある」と言った。

一つは「労働」だ。やりたくない仕事でも我慢して割り切って働き、その報酬として「消える対価」を得る。消える対価の代表例はお金だ。そのお金で、仕事が休みの日を楽しむ。

二つ目は「仕事」だ。自分たちのしている毎日の仕事が社会のため、未来のために役立っていることを理解して働けることが仕事だとアーレントは言う。

最後の一つは「活動」だ。お金を得ることができなくても、「やりたいからやる」ことを活動という。ボランティアも「活動」のひとつだ。「仕事」や「活動」が多くなるほど社会は生きやすい社会になると言われる。

今の時代は「アーツ・アンド・クラフト運動」の旗手であったジョン・ラスキンやウィリアム・モリスが生きていた産業革命の開始期に似ているような気がする。彼らは行き過ぎた経済の時代への警鐘を鳴らしていたが、私たちは行き過ぎた経済の時代がおわる「過渡期」を生きている。

私たちは行き過ぎた経済の時代のなかで、自分たちの「働く」ということを「労働」にしてはいないだろうか。私は分断された社会の根本にあるのはこれだと思っている。

産業革命以前には、一つの建物をみんなで作った。たとえば、親方は弟子に動物のレリーフの作りかたを教えるが、まったく同じものはできない。動物としては少しおかしかったり、技術的には稚拙だったりする。しかし、みんなでそれを組みあげて建物ができあがる。そして、「この建物は俺たちが作ったのだ!」という満足感や連帯感が生まれる。

産業革命後の経済の時代になると、「生産性」や「効率性」が重視されるようになる。ある人はコンクリで土台だけを作る仕事に従事し、ある人はベニヤ板を作り続けることが仕事になる。壁紙だけはる、電気だけを通す……仕事は分断化・分業化されてしまう。たしかに、効率性や生産性は向上するだろうが、「この建物は俺たちが作った!」という満足感は生まれず、連帯感は希薄になる。

こうして、分断化・断片化された専門職が、まさに第3章で柏木さんが強く訴えたように、職能団体にくわわり、組織の壁を超えて連帯し、人びとの権利擁護に情熱をかたむけることができるだろうか。

ジョン・ラスキンが産業革命後に生まれた労働者の非人間性について言った言葉を引用しておきたい。


労働者を道具のように単純作業のために使うのか、それとも人間として思考するものとして働いてもらうのかを考えなければならない。人間を道具のように使おうと思ってもうまくいかないだろう。道具のように使うなら機械のほうが正確に働く。人間として働いてもらおうと思うなら、機械からは生まれないようなアイデアを重視したほうがいい。(中略)悲しいのは労働者が食べていくために楽しくもない仕事を続けなければならないことだ。金さえ手に入れば楽しいことができるだろうと信じて、楽しくない仕事を我慢する人生を送ることは不幸なことである。(山崎亮『コミュニティデザインの源流 イギリス篇』太田出版)

介護や医療、福祉の仕事は、人の「生活」を支える仕事だ。ゲーム機を組み立てたり、冷蔵庫をつくる工場で働くのとはちがう。

工場であれば定型化された製品を設計図の通りに組みあげて、不良品を出さないことが「良い仕事」になるだろう。しかし、人の生活には設計図があるわけでもなければ「正しい答え」があるわけでもない。人が100人いれば100通りの生活がある。そんな当たり前のことを専門職は忘れがちになってはいないか。

肺炎でむせこんでいる人に「絶食です」と制限をかけるのが看護師の仕事ではない。どうすればその人が望む食事ができるのかを、歯科医師や栄養士と話しあいながら考える、自宅に戻っても継続できるようにソーシャルワーカーをつうじて、地域のケアマネージャーや介護福祉士と連携する、それが専門職のあるべき姿ではないか。

だからこそ、「ほかの職種の仕事など知らない」と自分の専門性の壁の内側に閉じこもるような働きかたは、絶対に認められない。それは、下手をすれば、目の前の人の生活の質を下げるだけでなく、かえって健康状態すら悪くしてしまうだろう。

ソーシャルワーカーにも同じことが言える。

私が遠目で見る限り、ソーシャルワーカーの分断化・断片化は著しい。そしてきわめて深刻なことに、その断片化されたソーシャルワーカーのなかで、医療ソーシャルワーカーが医療のことしかわからないとか、スクール・ソーシャルワーカーが子どものことしか知らないとか、コミュニティ・ソーシャルワーカーが地域のことしか知らないという訳のわからない事態が普通に起きている。

それがソーシャルワーカーだと言うのなら、そのような職種はいらないと思う。人間の生活は健康や介護だけでは成り立たない。コミュニティのありかたや子どもの生活ひとつをとっても、それらは単体で成り立つようなものでは絶対にない。

そもそも私たちがなりたかった姿はなんだったのだろうか

いま介護の世界は人材不足で苦しんでいる。国や行政の「介護人材確保・定着・育成」などをめざした会議に参加すると、スーツを着た、えらい人たちと円卓で話しあいをする機会が与えられる。そして、えらい人がえらそうに言う。「介護人材の質が低い」「質の確保をしなければ」と。

もともと介護職として働いていた私は正直な話カチンとくるので、その人に質問をする。「あなたのおっしゃる質の高い介護人材とはどういうひとのことなのか教えてください」。

たいていの場合、答えてもらえないので場が凍りつく。「資格を山のように持っているひと」なのかと聞けば多くの人はちがうと答えるし、「キャリアが30年以上あれば素晴らしい介護職員か」と聞いてもそうではないと言う。

要するに、「何をもって質が高いというのか」という根本を考えていないような事業所で働き、そして、「何の勉強をすれば質が高くなるのか」すらわかっていない人たちに勉強させられているから、介護人材は育たないのではないかと思う。

「あおいけあ」には、たくさんの専門職の卵たちが研修にやってくる。介護職をめざす介護専門学校の学生たちに私は必ずたずねる。

「なんでこのご時世に介護職になりたいの？」

子どもたちの答えは大体2つだ。

「おじいちゃんやおばあちゃんが好きだから」

「人の役に立つ仕事がしたいから」

いつもいてもいいと思うのだが、「介護で金儲けしたいんです！」と答える子どもに会えたためしがない。残念なことに、その子どもたちの多くは卒業するときに一般企業を選ぶ。介護現場に来ても数年で「こんなはずじゃなかった」と絶望して辞めていく。

だがこんなのは当たり前だ。

人のために仕事がしたいと願う子どもたちに「ルーティンワーク」を教えこみ、「余計なことはするな」と言う。「鍵を閉めて、認知症の高齢者が外に出られないようにしろ」

と命令する。ときには「薬で筋弛緩をおこさせて動けないようにしろ」と指図する。こんなことを言われれば、やさしい気持ちを持った、人の幸せを願う子から順番に心が壊れていく。

おそらく、ソーシャルワークに携わりたい人たちも同じなのではないだろうか。

私たちは白衣や制服を着ているから専門職ではないはずだ。目の前の人に多少の困りごとがあっても、地域社会のなかで幸せに生活できるようになる、そんな人たちを支える「杖」であることに誇りを感じることはあっても、白衣や制服を着ることに誇りを感じることはないはずだ。

いや、こんな例えのほうがいいかもしれない。病院のなかに閉じこもるだけであれば、制服を着ることで自分や患者さんの安心につながるかもしれない。だが、地域社会に近くなればなるほど、制服で歩きまわる姿は滑稽だ。ソーシャルワーカーはどこに立つべきか。居場所はどこなのか。それはすでにこの本のなかにある。そう、地域なのだ。

専門性の高い城壁を作って「心臓しか手術しません」とか、「〇〇専門認定看護師です」とか、そういう深くて高い専門性を誇るのは、ほんの一部のスペシャリストだけでいい。

白衣や制服を脱いで、地域の人たちに溶けこみ、そのなかで自分のとびっきりの専門性をさりげなく使うような存在、あくまでも丈夫な「杖」として伴走できるように、医療も、介護も、薬も、リハビリも、栄養も、口腔ケアも、年金も……。深いだけでなく、裾野の広さ、幅広い知見を蓄えたような存在こそが、ソーシャルワーカーなのではないか。ソーシャルワーカーなのかどうか自信は持てずにいるけれど、この本を書く仲間との出会いをつうじて、いま私はそんなことをぼんやりと考えている。

最終章

ソーシャルワーカーが歴史をつくる

井手英策

歴史の潮目

潮目が変われば漁場は変わる。だが、意固地になって古い潮目にこだわり、漁場を変えずにとどまったとしたらどうだろう。魚はもうそこにはいない。その行為はただの自己満足、せいぜいのところ暇つぶしでしかない。

まさにいま、歴史の潮目が変わろうとしている。僕たちは、これまで日本経済のさらなる成長に期待をよせ、未来を託してきた。だが、本当に僕たちの経済にそんな力が残されているのだろうか。

第2次安倍政権は「いざなぎ越え」の好景気を実現したという。だが、いざなぎ景気は平均で10%を超える実質経済成長率を誇ったのに、第2次安倍政権のそれはわずか1・2%でしかなかった。

いやそれすら過大評価かもしれない。同政権の経済成長は円安に支えられたものだった。ドル換算すると、2012年から18年にかけてGDPは6・3兆ドルから4・8兆ドルへと14%も減少してしまった。地盤沈下は明らかだ。

日本の経済が成長する力は何が決めているのか。その要因は限られている。設備投資、労働生産性、労働力の投入、そして技術革新である(井手英策『幸福の増税論』)。

急激な円高が進んだ1990年代の半ばごろから、企業は生産設備を海外にシフトさせていった。それゆえ、かつてのような設備投資を国内で期待することは難しい。実際、アベノミクス、東京五輪の経済需要、アメリカの長期的な好況という抜群の条件にもかかわらず、現在の設備投資はバブル期の水準に遠くおよばない。

モノは外へと動いたが、ヒトは動かなかった。わかりやすく言えば、30年前の設備投資水準に負けてしまっている現状のなかで、国内にいる人たちがこれまでよりも豊かな暮らしを追い求めているわけだ。

一方、サービス業を中心とする「サービス経済化」がすすんでいる。労働生産性の低いサービス業が占める割合が大きくなることで、平均で見た労働生産性の停滞が続いている。

しかも、労働生産性の上昇を支えてきたIT効果の剝落、シェアリングエコノミーの台頭、イノベーションの枯渇、デジタル化によるサービスの低価格化・無料化などがくわわって、近年、世界的に労働生産性の上昇ペースは減速してきているとも言われる（日本生産性本部「労働生産性の国際比較」）。

移民政策に転じてもきびしい現実

設備投資の減少と労働生産性の停滞にくらべると、労働力人口と技術革新については、もう少し楽観的な見通しがもてそうな気がする。前者については高齢者の労働参加、移民の受け入れによって対応可能だし、後者にいたっては、そのうち劇的なイノベーションが起きるかもしれないからだ。

労働力の減少は深刻だ。東京商工リサーチによると、2018年度の「人手不足関連倒産」は、前年度比で28・6％増、過去最高の件数を記録した。

だからだろう。政府は高齢者を労働市場に取りこもうと必死になっている。現在、一定年収以上の高齢者の年金を減額する「在職老齢年金」の廃止が検討されている。政府は、富裕層の所得が増えるという批判を受けてでも、年金が減ることで高齢者の就労意欲が削がれる状況を変えようとしている。

だが、人手不足の解消はそう簡単にいきそうもない。

15歳以上の人口に対する労働力人口の割合を「労働力人口比率」とよぶ。現在、15〜64歳人口の労働力人口比率は79％であり、65歳以上の高齢者のそれは25％である（総務省『労働力調査』平成30年）。

高齢者の労働力人口比率はこの10年で約5％増えている。ここで、2040年までにさらにこの比率が15％増え、高齢者の4割が労働力となる社会を想定してみよう。

これは、75歳以上の後期高齢者を含めて4割が働くのだから、かなりハードルの高い想定である。しかも、高齢者が働くことによって、64歳以下の人たちの雇用をうばってしまう可能性も本来は検討しなければならない。

このようにやや現実ばなれした楽観的なモデルでも、現在とくらべて500万人以上の労働力人口が減少する。これは、いま建設業で働いている人たちがそっくりいなくなるのと同じ規模か、それ以上の減少である。

もちろん人口が減るのだから、労働力人口が減っても構わないという見かたはできる。だが、出生率が2030年に2・07に回復し、高齢者の労働時間が伸びたと仮定してもなお、労働投入の成長に対する寄与度はマイナスであると政府は試算している（内閣府『労働力人口と今後の経済成長について』）。

むしろ、高齢者にだけ頼るのには限界があるからこそ、第2次安倍政権では、外国人労働者の受け入れを加速させる方向に舵を切ったと見るべきだろう。

では外国人の受け入れによって労働力不足は解消するか。

これも相当ハードルが高い。受け入れ見こみは今後の5年間で最大約34・5万人だが、5年後の人材不足は145万人をこえるといわれている（時事通信社「政府の外国人労働者受け入れ見込み（2018年11月）」）。

したがって、5年後以降も含めて、労働力人口の不足を本気で解消しようとすれば、本格的な「移民」政策へと転換するしか方法はない。

こうした方向性については、２０００年代以降、日本より順調な成長を遂げている移民大国ドイツがひとつの参考になるだろう。ドイツでは人口の１１％、人数にして約９００万人が居住外国人だ。これとの類推でいえば、日本の在留外国人の比率はわずか２％程度、人数にして約２６４万人にしか過ぎない。

外国人労働者の受け入れでお茶をにごすのではなく、本格的な移民政策へと舵を切れるのか。状況は楽観できない。だがそれ以前の問題として、これほどの規模で外国人労働者を受け入れているドイツでさえ、現在、労働力不足が社会問題となっており、そんな彼らの２０００年代の平均ＧＤＰ成長率も１・４％でしかない。

アメリカもまた、かつてのように成長しない

技術革新はどうだろうか。

僕たちには想像すらできないような技術革新が起き、日本の経済が急速に成長率を高めていく可能性はもちろんある。実際、僕たちは20世紀の終わりに「情報革命」という歴史的な変化を目のあたりにした。そして、第４次産業革命の到来が世界経済を新たな次元に引きあげてくれる、という期待も大きい。

だが、マクロの経済学者のロバート・J・ゴードンは、こうした見とおしが夢物語でしかないという冷酷な現実を突きつける(ロバート・J・ゴードン『アメリカ経済　成長の終焉』日経BP社)。

ゴードンが注目したのは、19世紀の後半にアメリカで起きた第2次産業革命の「大発明(The Great Invention)」であり、それが全面的に開花した20世紀前半のダイナミックな経済変化だった。

19世紀の終わりに起きた第2次産業革命によって、鉄道、蒸気船、電信といったさまざまな技術が芽生え、産業は革新的な変化をとげた。そしてこれらの技術がさらに発展していった1940年ごろには、ほぼすべての国民の暮らしを一変させた。

自動車の普及は、「ほとんどが農村の社会」から「ほとんどが都市の社会」へとアメリカを様変わりさせた。電気・水道・空調・電話が一体となった住宅の広がりは、都市のありようをそっくり変え、現在とは比較にならないような重い家事労働に苦しんでいた女性をもそこから解放した。電話、蓄音機、ラジオ、テレビの普及は、情報、通信、そして娯楽の面で人びとの暮らしの質を決定的に向上させた。

これに対し、1970年代以降の変化、とりわけ「情報革命」がもたらした変化は、僕たちの暮らしのごく一部にしか影響しなかったとゴードンは指摘する。というのも、そもそもの話、電子娯楽、通信、情報技術にアメリカ人が費やした支出は、国内総生産のわずか7％にしか過ぎなかったからである。

こうした評価は、現実の数字によっても裏づけられる。

イノベーションや技術変化の効果を示す標準的な経済指標に全要素生産性（ＴＦＰ）がある。１９２０年から70年までのＴＦＰ伸び率は１・８９％だったのが、１９７０年から２０１４年のそれはわずか０・６４％しかなかった。

言われてみればもっともな話だ。

みなさんは、自動車の自動操縦が可能になることと、自動車そのものが発明されたことの社会的インパクトはどちらが大きいと感じるだろう。インターネットやスマホが普及することと、電話や電報が発明され、国と国とが海底通信ケーブルで結ばれたことの社会へのインパクトはどちらが大きいと思うだろうか。現実には、後者が明らかに大きな影響をおよぼしたのである。

そう。情報の収集や通信の方法が根底から変わっても、じつは人間の暮らしは根底からは変わってはいないのだ。いまの私たちが「革命的な技術革新」と呼んでいるものの大部分は、第２次産業革命期の「大発明」の「改良」でしかなかったのである。

もしそうならば、僕たちの言うところの「技術革新」によって、かつてのような経済成長を期待するほうがおかしいということになる。ゴードンはアメリカ経済の今後についてこう断言する。「向こう二五年、一人あたり実質可処分所得の中央値が伸びる余地はほとんどない」と。

実際、彼の見通しによれば、2015年からの25年間のアメリカ経済を見た場合、労働生産性の伸びは1920年から1970年の4割強、一人あたり実質GDP成長率は3割強にとどまるという。これは近年の情報革命の影響を踏まえたうえでの試算だ。

ここで確認しておきたいのは、経済成長の停滞というきびしい現実は、日本やアメリカだけではなく、先進国の全体が経験している困難だということだ。

1960年代をピークとして、先進国経済の成長率はかなり低下した。先にドイツの例も確認したが、2000年以降のOECDの平均GDP成長率は2％程度であり、これはオイルショックを経験した1970年代の半分程度の数字でしかない。

むろん僕たちは、これから第2次産業革命のような「大発明」が20世紀の黄金時代と同じレベルの経済成長を生み出す可能性を否定する必要はない。

だが、1870年以降の大発明は、20世紀初頭の劇的な変化を生み出し、第2次世界大戦をはさんで戦後の高度成長へとつながっていった。この単純な事実を思いだしてほしい。いまこの瞬間から、暮らしのありようを一変させるような「大発明」が相次いだとしても、それが私たちを豊かにしてくれるのは、その50年、60年、いやそれよりもっとあとのことなのである。

僕は楽観主義者でありたいと思う。だが、楽観的であることと、思考を停止させることとは同じではない。自分たちが死んだあとのバラ色の未来を思い描きながら、いまなすべきことを先送りするのは、楽観的というより無責任である。実際に訪れるかどうかわからないバラ色の未来に人間の命と暮らしを委ねる政治は無内容だ、僕はそう思う。

「経済の時代」の終焉

むろん、かつてのような成長が難しいからといって、経済成長をあきらめてしまおう、数字に示されない豊かさを追い求めよう、脱成長路線がラストリゾートだ、と主張しているのではない。

成長か、脱成長か、これほど不毛な議論はない。

僕たちの社会ではさまざまな市場で交換が行われている。そこで得られた富や財は、ささやかな生活の品々を手にできるようにするだけではなく、ぜいたくな暮らしや他者への見せびらかしも含めて、生きていくため、暮らしていくための前提となっている。

市場での交換や貨幣を通じて必要や欲望を満たすという、この行為じたいが社会から消え去ることは当分の間ないだろう。そうである以上は、人びとが必要なお金や富を手にできるように、経済政策に知恵をしぼるのはやむを得ないことである。

いや、それ以前に、脱成長が理想の世界だとしても、そのような世界を本気で考えるような経済的・精神的余裕があるのは、一部の富裕層にすぎない。

ここで言いたいのは、経済成長の必要性を認めることと、その成長にぶらさがって生きていくこととは、まったく別の問題だということだ。

経済が停滞しても命や暮らしを守れる社会をめざすことと、何らかの方法によって経済を成長させようと努力することは矛盾しない。だが、前者について僕たちはあまりにも無頓着であり、後者についてあまりに僕たちは熱をあげすぎたのではないだろうか。

本当の問題は、成長によって富を手にし、その富を使って自分や家族の暮らしをまもるという、この当たり前と考えてこられた一連の流れが機能しなくなりはじめていることにある。

僕たちはどのような青春時代を過ごし、どのような学校、会社に行き、誰と結婚し、何人の子どもを作り、どのような場所で最期を迎えるのかという、命のありかたの少なくない部分を、お金や富といった経済的な価値で決めている。僕たちはまさにいま、「経済の時代」を生きている（井手英策『経済の時代の終焉』岩波書店）。

もちろん、「経済の時代」への批判はずっと昔からあった。河上肇の『貧乏物語』も、そのひとつだ。そしていまでも、一部の強欲な人たちだけが幸せな人生を謳歌している時代、働く人たちが不当に扱われている時代だとあちこちで語られている。

僕も、所得格差どころか、階級化さえもが指摘されている現状への怒りを共有する。だがその感情を分かちあう一方、僕たちの社会が、格差や不公平だけですべてが評価できるほど単純なものだとも思わない。

この社会には無数の集団があり、それぞれの領域で、それぞれの暮らしのなかで、人びとはより幸せに生きる方法に想いをめぐらせている。それは貧しい人であれ、豊かな人であれ、ふつうの人であれ、変わらない。

幸運だったのは、これまでの「経済の時代」には、それらの人びとが成長にぶらさがっていさえすれば、ひとまずは命や暮らしを守ることができたという現実、リアリティがあったことだ。だからそのような社会が受け入れられ、維持されてきたのである。

だがそれはもう過去の話だ。成長が命と暮らしを守るというリアリティがいま、消えてなくなろうとしている。

これは一部の人たちにとっての問題ではない。社会全体の問題だ。もてる人びとを批判することで満足すればよい時代は終わった。どうすれば「経済の時代」を変えられるのか、どうすればすべての人びとの命と暮らしを守れるのか、これらの問いに真正面から向きあわねばならない時代がやってきたのだ。

何をあなたは利益と感じるか?

だからこそ僕たちは、幸せに生きる方法を、市場や貨幣という「非人格」的な組織・手段に委ねるのではなく、人間と人間がかかわる「人格」的な関係のなかに埋めこんでいく方法を模索した。それは、成長に頼りきった命のありかた、「経済の時代」を「人間の時代」に置きかえようという渾身の提案だった。

いやいや、人間とは自分の得になるように、合理的に、計算しながら生きている、そうである以上は、富や欲が支配する「経済の時代」を終わらせることはできない、そううそぶく人もいるかもしれない。

いいだろう。僕たちは欲望にしたがって生きているとしよう。

だが、自分の利益を最大にしようとするときに、何を自分の好みだと感じ、何を幸せだと感じるのか。もっとわかりやすく言えば、何を利益と感じるかは、あなたと僕、まわりの人たちとで同じだろうか。答えはもちろんNOだ。生まれでた家族や地域、社会がまったくちがうのに、価値観が同じなんて、とてもじゃないがありえない。

僕たちの価値観は家族や地域、学校といった社会の各局面で作られている。僕たちは「個人的」な存在であるのと同じくらい、「社会的」な存在なのだ。だから、社会のありようを語ることなく、個人の自由だけを声高に叫んだところで、「あなたはあなた、私は私」という無内容な同義反復に終わるだろう。そして結局は、強い人にとって有利な結果、理不尽な帰結だけがもたらされることだろう。

一人ひとりが自らの得となるように、よりよい明日を手にできるように「個人的」に行動するのは当然のことだ。それを否定する気はない。だが、その「個人的」な選択の前提には「社会的」に生みだされた価値が入りこんでいる。その選択を嬉しいと感じるあなたを生みだした「環境」が必ず存在している。

僕たちは、その社会的な価値、環境を放ったらかしにして、個人の自由を漫然と語る状況に異議申し立てをしたかった。「非人格」的な組織・手段によって一人ひとりの暮らしが悲惨なものになりかけているという現実から目をそらさず、人間と人間の関係という「環境」そのものを鋳なおし、その悲惨に立ちむかうという決意表明をしたかったのだ。

社会的な価値や環境をさまざまなレベルで変えていこうとする努力は、一人ひとりの選択をより実りあるものに変えていくという願望と表裏一体なのであって、二者択一の関係にはない。むしろ、人間が合理的であればあるほど、人格的で、社会的な領域はより必要とされていくのである。

設計主義を乗りこえる

僕たちの不安の原因は、国全体のナショナルなレベル、地域や家族というローカルなレベルで共有されるはずの人間らしい価値がうまく共有されず、一人ひとりが途方もない孤独感に苛《さいな》まれていることにある。そして、それぞれが日々の苦しみ、将来への不安に悩むなか、他者を連帯の対象ととらえるのではなく、競争、そして蹴落とすための対象とみなしはじめている。

僕たちが変えたいと考えたのは、この状況そのものだった。

もちろん、こうした変革への思いは、「設計主義」と紙一重である。僕たちが「よりよい社会を作る」というとき、その主張は、意識の高い僕たちが社会を操作するというある種の選民思想に接近し、どうしてもそこには「傲慢」のかおりがつきまとう。

だが、知的な慎重さが、一人ひとりの生きづらさの放置につながっては、まったく意味がない。あらたな環境が専門性に支配された「救うもの」と「救われるもの」の権力的な関係にならないよう、細心の注意をはらいながら、僕たちは前に進んでいかなければならない。

僕たちは、どんな家族に生まれ、どんな地域で暮らしていても、安心して生きていける環境、同じ国を生きる仲間と価値を分かち合おうと思える土台をととのえる「ナショナル」な改革と、それぞれの家族や地域のなかで望ましいと考えられる価値に寄り添って、それぞれの人びとが住み、暮らす状況のなかで幸せを実現していく「ローカル」な改革、このふたつは車の両輪となることを論じてきた。

いま、「グローバル」なレベルでは、富の偏在が発生し、世界的に所得の格差が広がりつつある。こうした状況を修正していくのは、確かに重要な問題だ。グローバルな資本課税、課税逃れのための資本移動の監視、あるいは資産の取得と相続における課税の強化など、検討されるべき課題は多い。その対策、処方箋を僕たちは大いに語りあうべきである。

だが、ナショナルなレベル、そしてローカルなレベルでは、そうした修正だけではなく、市場でのお金や富に左右されないような、新たな生活空間を作りだすことができる。僕たちがその気になれば、必ずできる。そのナショナルな改革が「ライフ・セキュリティ」であり、ローカルな改革が「ソーシャルワーク」なのである。

「必要の政治」への一撃――ライフ・セキュリティ

第1章でも示唆したように、税を財源としてすべての人びとに教育、医療、介護、子育て、障害者福祉といった「ベーシック・サービス」を提供し、人びとの将来不安を取り除くという提案が「ライフ・セキュリティ」である（前掲『幸福の増税論』）。

ライフとは「生」であり、「生存」と「生活」の両方を意味している。

ベーシック・サービスがすべての人びとに保障されれば、僕たちは生きていくうえでの「暮らしの必要」を満たすことができるようになる。たとえ病気をしても、失業をしても、長生きしても、子どもをたくさんもうけても、さらには貧乏な家庭に生まれても、辺境の地に生まれたとしても、誰もが人間らしい「生」を保障されることとなる。

あらゆるサービスを保障する社会では「救済される領域」は最小化される。医療や介護、教育の負担軽減が進めば、その分、生活保護の医療扶助、介護扶助、教育扶助は不要になる。「誰かの救済」は、「みんなの権利」に変わる。

一方、働くことができないような人たちがいる。だから、高齢者、障害者、ひとり親家庭の親、こうした人たちの「生存」の保障は徹底して行われなければならない。具体的に言えば、生活扶助と住宅への所得補助がこれにあてはまる。

命の防衛線である生活扶助を安易に切りさげていいはずがない。生活扶助の切りさげは、最低賃金、課税最低限、さらには就学援助や生活福祉資金といったさまざまな基準に影響を与える。物価をめぐる統計の不正がはびこり、これを根拠として扶助費を切りさげることなど、まったくの論外だ。

また、生活扶助を充実させるだけではなく、「保護のしおり」を読みやすくする、受付窓口を訪問しやすいレイアウトに変えるというような細やかな改善から、高齢者向けの生活扶助を年金におきかえる、さらには「生活保護」という名称を変更するといった思い切った改善にいたるまで、さまざまな可能性が追求されていい。

住宅に関しては、先進国のなかで日本にだけ存在していない「住宅手当」の創設を急ぐべきである。現在の日本には普遍的な住宅手当が存在していない。就労が条件で、しかも、わずか6カ月しか給付期間がない、きわめて限定的な住宅補助制度しかないのである。

以上の「生存」「生活」の基礎保障にくわえて、何らかの不遇によって職を失った人たちの生活の保障も考えられるべきだ。こうした人びとは、働く意欲があり、就労をとおして生活を豊かにすることを願っている人たちだ。そうした人たちのための職業訓練、職業教育の充実もセットで議論されるべきだろう。

消費税を軸とするということ

ライフ・セキュリティは、「すべての人たち」を受益者とするサービスによる生活保障、生存の危機に直面している人たちのための現金による生存保障、そして働く能力や意欲があるにもかかわらず、その機会を失った人たちの再チャレンジ保障で成り立っている。

個人的な経験から言えば、支出の面での異論を聞くことはあまりなかったが、その財源を消費税に頼ることについて、左派を中心にさまざまな批判を受けてきた。

ここで確認したいのは、消費税を軸としつつ、これを富裕層や企業への課税で補完することで得た税収をすべての人びとに分配すれば、原理的に言って、所得格差は小さくなるということである。

消費税には逆進性があり、貧しい人たちの負担が大きくなるという批判がある。この指摘じたいは正しいが、税収の使い道を議論していないから話がおかしなことになる。「所得再分配」とは、富裕層の所得を貧しい層に移すことを意味している。逆進性があろうとなかろうと、消費税の負担の実額は高価なものをより多く買っている富裕層のほうが必ず大きくなる。まずはこの単純な事実を共有する必要がある。

次に、このお金をサービスとして全員に均等に配分するわけだが、年収2000万円の人に100万円分の給付をしても5%の受益でしかないが、年収200万円の人にとっては50%の受益になる。いわば逆・逆進性効果が給付で発生するわけだ。

消費税率の高いヨーロッパの国ぐにのなかで日本よりも所得の格差が小さい国はいくらでもあるし、とりわけその典型例が大きな福祉で知られる北欧諸国である。さらに消費税の逆進性を抑制するために富裕者課税もセットにする。これがライフ・セキュリティの基本的な財源調達方法である。

念のためにもう一度言っておく。以上は消費税を軸にしようという提案であって、所得税の累進性強化、減税の続いてきた法人課税の回復、金融資産や相続財産への課税強化もあわせて議論されるべきである。貧しい人たちも負担する以上、富裕層にも相応の負担を求めるのは当然の話だ。

だが、逆進性の一点において、消費税を全否定するとすれば、それは給付を無視しているという点で論理的にまちがっている。そればかりか、ケタちがいの税収を生む消費税を選択肢から外し、大企業や富裕層への課税のみで社会変革を語るとすれば、それは極端な理想主義でしかない。北欧も含め、彼らへの極端な課税だけで格差を是正し、生活を保障している先進国は存在しない。

ライフ・セキュリティの持つ社会的な「効率性」

「人間の時代」という観点から見たとき、重要なのは、ライフ・セキュリティがこれまで散々求められてきた「効率性」をまったくちがう意味で満たしていく点だ。

ライフ・セキュリティは、社会の連帯を「効率的」に実現する。受益者を一部の人たちにしぼりこまないため、不正な受給や不公平な利益分配、さらには行政の裁量的な給付審査に対する疑心暗鬼を生みにくい。統計的にも、所得制限をゆるめ、低所得者層に限定せずに広く給付を行っている国では社会的な信頼度が高いことが確認されている。

これと関連して、ライフ・セキュリティが現金の給付よりもサービスの給付を中心にすえている点も重要だ。現金とちがい、サービスは必要とする人しか利用しない。健康な人で障害者向けの福祉サービスを受けたいと思う人はまずいないだろう。だが、お金をもらえると言われれば、障害者だとうそをつく人は必ずでてくる。

税への政治的な反発を「効率的」に弱めることも効果のひとつだ。低所得層が受益者、その他が負担者という役割分担ではなく、中間層も含めた社会のメンバー全員が負担者・受益者になることによって、税の痛みや受益の偏りへの不満を和らげることができる。

第1章でも論じたように、低所得層のみではなく、すべての人が受益者となれば、「救済」が「権利」に変わる。救済は、救われる人たちからすれば、社会の他のメンバーのご厄介になりながら生きていくことへの後ろめたさから自由になれない。しかし、福祉や教育がメンバーの権利となれば、堂々とそのサービスを利用できるようになる。いわば、「社会的なスティグマ（失格者の烙印）」も「効率的」になくしていけるのだ。

むろん、サービスの利用者が増えれば、ムダが問題となる。もしそうなら、医療であれば、かかりつけ医制度の徹底と重複診療のチェック、電子カルテによる情報の一元化と多剤投与の抑制などのように対策をセットで講じればよい。できない理由ではなく、できるための方法に知恵は使うべきだ。

あわせて強調しておきたいのは、増税と給付がセットになることのメリットである。借金で支出を増やせば、人びとは痛みを感じないため、ムダだらけの野放図な支出をする可能性がある。税で財源をまかなうということは、ムダが負担の増加に結びつくため、給付の内容を監視するという納税者の論理が機能するようになる。いわば民主主義もまた「効率的」に運用されるようになるのである。

くわえて、行政の事務のなかで所得審査に費やされる労力は膨大なものである。所得制限をなくしていけば、こうした行政の事務コストも「効率的」に削減できる。行政バッシングによって人件費を抑えこむという意味での効率性とは異なるだけでなく、サービスの利用者増という課題に対しても行政の需要減を期待することができる。

効率的な連帯、効率的な痛税感の緩和、効率的なスティグマの解消、効率的な民主主義、効率的な行政運営――このように、ライフ・セキュリティは、新自由主義的な意味での効率性とは異なり、社会全体を質的に効率化する可能性を秘めている。

「必要の政治」を「人間の自由」につなぐ——ソーシャルワーク

次に、ローカルなレベルでの改革の軸となる「ソーシャルワーク／ソーシャルワーカー」について見てみよう。

第2章から第4章で繰り返し見てきたように、ソーシャルワーカーとは、単なる福祉サービスの提供者ではない。人びとの権利を守ることをつうじて、社会を変えていく存在である。

問題となるのは、その「社会を変える」というときの「社会」の意味と範囲である。中島康晴さんが第2章の図4のなかで示したように、ソーシャルワーカーはまず、「暮らしに困難をかかえる人びと」との関係を出発点としながら、その「人びと」の置かれている周囲の環境を改善し、また対話やかかわりを通じて、その環境と「人びと」の関係じたいを調整していくことを目標としている。

もちろん、ソーシャルワーカーだけでなく、僕たちはみな、人びとの生きづらさを悪い意味で後押しするような、社会の価値規範や考えかたに対して、反対の声をあげていかなければならない。だが、誰もが気づいているように、僕たち一人ひとりが社会の価値観や考えかたを変えていくことは簡単にできることではない。

だが、ソーシャルワーカーは、地域というメゾレベルにおける「人びと」の関係をつうじて課題を発見し、解決していくなかで、さまざまな関係者（家族や住民など）、組織（各種のボランティア団体や民間団体、自治組織など）、制度（給付金や補助金、各種の行政施設など）をつなぎあわせていくことができる。

このことは、「人びと」を取り囲んでいる社会環境はおろか、彼らのアイデンティティすら変えていくかもしれない。同時に、民間や行政の人たちに組織的、制度的な不備、問題点を分かってもらい、より広い意味での社会変革につながっていくこともあるだろう。さらには、各地域での問題が、行政、政治、双方のチャネルをつうじて、国の制度や支援のありかたに改善をうながすきっかけとなることもありうる。

このように、ソーシャルワーカーの本分、本領は、福祉を専門的知識・技術にもとづいて供給するという提供のしかたただけにあるのではなく、それらの専門性を前提としながら、あらたな関係を切りむすんでいくことにこそある。

だが問題は、ソーシャルワーカーがこうした本分や本領を発揮しようとしても、それをさまたげるような要因があちこちに存在していることである。

柏木一恵さんが第3章で注意をうながしたのは、国主導でソーシャルワーカーの資格化が進められてきた歴史的な経緯から、資格や職能団体が分立している現状だった。

「暮らしに困難をかかえる人びと」の目線から考えるならば、これはおかしなことだ。

ある一人親家庭の親がメンタルヘルスに課題をかかえたとしよう。世話が十分に行き届かず、勉強がおくれていくなかで、子どもが不登校になったとする。この子どもをケアしようと思ったとき、たとえば週4時間程度しか勤務できないスクール・ソーシャルワーカーが子どもの話を何度か聞いてあげただけで問題は解決するのだろうか。

親がメンタルヘルスに課題をかかえた背景には、職場の人間関係、労働環境のきびしさ、家族のトラブル、金銭問題など、数えきれないような「困りごと」が存在することは、誰でもわかるだろう。

では、この親が何らかの課題をかかえこんでしまったことと、子どもが学校でうまく人間関係を作れずにいることは、関係があるのだろうか、それともないのだろうか。もし、関係があるとすれば、子どもの不登校を考える際に、親のメンタルヘルスの改善にまでアウトリーチする必要がでてくる。

もし、関係がなかったとすれば、勉強のおくれが理由なのか、子ども自身がなんらかの障害をかかえているからなのか、友人たちが意地悪だからなのか、先生と折りあいがつかないからなのか、ここにも数えきれないような「困りごと」があるにちがいない。

人間は無数の可能性の連鎖、複雑な背景のもとでそれぞれが困りごとをかかえて生きている。中学校区に1人を目標とするような限られた人数、1日3時間程度という限られた時間のなかで、しかも、社会福祉士か精神保健福祉士、どちらか一方の資格だけを持っている「スクール・ソーシャルワーカー」がそれらの問題に対応できると考えるのは、あまりに楽観的だし、それを求められるワーカー自身がかわいそうである。

無力さを知り、尊敬することから始まる議論

こうした困りごとの多様さ、複雑さの問題をつきつめれば、結局、人間とは「総合的な」生き物なのだという当たり前の事実につきあたる。そして、僕たちが資格と組織の統合を求める最大の理由もまた、僕たちが人間という総合的な生き物だからだ。

人間は、さまざまな価値観を持ち、複雑な背景を自ら作りだし、そのなかでときには喜び、ときには悲しみにくれながら生きている。僕たちはこの当たり前の「人間の前提」から出発したいと思った。

そのような存在を前提にするのであれば、専門家がひとりで物事をかかえこむのではなく、「総合的な人間」に対応できるような「総合的な教育」を受けたソーシャルワーカーの絶対数を増やし、共通の価値、基盤に裏打ちされながら、それぞれが専門性を育んでいくための体制をととのえなければならない。

そして、一人ひとりのソーシャルワーカーが自分たちの強みを活かしながら、共通の価

値観のもとでたがいに連携し、情報や資源を共有し、ネットワークとしてそれぞれの「困りごと」に向きあえるような、しなやかで厚みのあるシステムを作っていかなければならない。

人間が総合的であればあるほど、僕たちは、自分ひとりの力で誰かを幸せにすることはできないという無力さに打ちひしがれる。この絶望から出発するからこそ、あらゆる人間のニーズに寄り添いながら権利を守っていくためには、共通の土台を持つ仲間たちと連携し合うことが必要になる。資格と組織を統合すべきだという僕たちの主張は、効率化や合理化だけからくるのではない。それは人間観から出発しているのだ。

総合的で、自分ひとりではとうてい太刀打ちできない、そんな存在である人間への敬意を失うとどうなるか。自分の力を過信し、誰かの未来を左右できると誤解し、そのあげく自分の領分で他者を支配しようとするソーシャルワーカーがはびこることになる。これが僕らのおそれる設計主義の末路だ。

加藤忠相さんが第4章で「専門性の壁」を痛烈に批判したのは、こうした傲慢さに対する憤りからだった。

加藤さんは言いきった。医療のことしかわからない、子どものことしかわからない、地域のことしかわからない、そんな人たちをソーシャルワーカーと呼ぶのであれば、そのような職種はいらない、と。人間の生活は健康や介護だけでは成り立たない。コミュニティのあり方や子どもの生活ひとつをとっても、それらは単体で成り立つようなものでは絶対にない、と。そう。いかに専門性を研ぎすまそうとも、ひとりの人間がひとりの人間の運命を支配できることは絶対にないのだ。

これはある意味、第2章、第3章を執筆した中島さん、柏木さんに対する問いかけでもあった。そして、先に述べた資格や組織の統合、そして次に述べる法律の改正はそれらに対する2人の応答でもあった。

ソーシャルワーカーの大部分は組織人だ。それゆえ、経営の方針や組織内の上下関係の論理によって、彼らが状況に対して柔軟かつ迅速に対応することが難しい場合がどうしても存在する。

確かにそうだろう。だからこそ、議論の前提を根本からくつがえす必要があるとさえ中島康晴さんは主張した。この思いはすべての執筆者に共有されている。

社会福祉士及び介護福祉士法や精神保健福祉士法に書き込まれている定義を見直そう。カリキュラムを改正し、ソーシャルワーカーとしての価値・理念をみなで共有しよう。組織統合であれ、資格統合であれ、大きな課題に挑戦するためには、ソーシャルワーカーは連帯しなければならない。総合的な生き物である人間の尊厳を守るために。

近代が下降し、終わりを迎える

ソーシャルワークの専門家でもない僕が3人の専門家とともにこの本をまとめようと思ったのには理由がある。それは、ソーシャルワーク／ソーシャルワーカーの普及が必要だという現実の要請だけが理由ではない。21世紀が「市場の世紀」から「プラットフォームの世紀」に変わるという確信があったからだ。

そんな僕の目には、全国にいる大勢のソーシャルワーカーたちは、現場に這いつくばりながら、日本社会をよりよい未来へと牽引する「ドライヴィング・フォース（原動力）」として映っている。この思いをどうやればうまく伝えられるだろうか。

やや感情をこめすぎかもしれない。だが、いまの日本の現実を見てみると、僕のこのあせるような気持ちがわかってもらえるかもしれない。

これまでの地域社会は、国が制度を作り、財源や権限を自分たちに集中させ、これを地方交付税や補助金というかたちで分配しながら指示をだすことでまわってきた。

ところが国は、これまでの垂直的な上意下達のシステムを部分的に変えはじめている。

たとえば、地方交付税の推移を見てみるとよい。地方の扶助費が増大する一方で、地方交付税の総額はリーマンショック期をのぞき、抑制の傾向にある。

こうした垂直的な財源の保障が弱まっていけば、さまざまな責任は地方自治体に移っていかざるをえない。保障の弱まりと並行するように地方中枢拠点都市が設けられ、これを中心とした自治体どうしの水平的な連携強化へと行政の軸点は少しずつ移されつつある。

国は、地方との関係のありかたをも根本から考えなおしはじめている。

総務省『自治体戦略２０４０構想研究会』の報告書では、団塊ジュニア世代が前期高齢者になる２０４０年ごろを念頭に、地方公務員の大幅な減少を前提とした仕組みづくりが議論され、話題となった。

この報告書では、ひとつの市町村がすべての仕事をになう「フルセット主義」をやめ、圏域単位での行政をスタンダードにすること、都道府県と市町村という二層性をもっと柔軟なものにすることが提案された。もちろんこうした議論には賛否があるし、個人的にもやや行き過ぎだと感じる。だが、その性質からして、保守的でしかありえない国がシステム転換ともいうべき提案をせざるをえなかった事実は重い。

こうした変化は、地方自治体の現場でも避けられない動きとして認識されつつある。自治体関係者は、地方交付税をつうじた国の財源保障がいつまでも続くという確信を失いはじめている。そして、都道府県や市町村では、国に頼らない税財源システムの構築に向けた議論がはじまっている。最近注目を集めつつある宿泊税もその一例だ。

とくに注目されるのは、公務員の労働組合である自治労の「地方連帯税」や全国市長会の「協働地域社会税」など、地方の財政ニーズと結びつけられた独自の課税システムが提案されつつある点である。

重要なのは、こうした財政ニーズ、経費のなかに、ソーシャルワーカーの定員確保も含まれている点だ。公共部門の財政責任を抜きにした議論は、ソーシャルワーカーやボランティア団体等への責任転嫁と変わらない。

国が推進する地域包括ケアや地域共生社会を見ても同じである。国や地方自治体が福祉をまるごとかかえこむのではなく、福祉ニーズを地域住民との連携のなかで満たしていくための仕組みづくりへと明らかに舵を切っている。国から地方へ、地方から住民へと少しずつ「責任」と「担い手」がシフトし始めているのだ。

僕はこうした変化を「近代の下降」と呼んだ（前掲『経済の時代の終焉』）。もし、近代を中央集権化のプロセスとみなすのなら、「近代の終焉」と読み替えてもいい。

「市場の世紀」から「プラットフォームの世紀」へ

だが問題は、コミュニティや地域のつながり、そして家族制度じたいが動揺・弱体化するなかで、権限や業務、そして財政面ではたすべき責任までもが下へ、下へと降りはじめていることだ。

自治会や町内会、さらには老人クラブ、青年団、婦人会、子ども会への加入率は減少の一途をたどっている。地域を支える民生委員・児童委員への負担が問題視される一方、高齢化はいちじるしく、委員のなり手不足もあちこちで取りざたされている。

地方、とりわけ農村部の人口減少も深刻だ。消滅可能性都市が話題になったことは記憶に新しいが、こうした変化は、当然、地方自治体の税収減にむすびつく。

このように地域社会の足もとがくずれていくなかで、さまざまな仕事が上から降りてくるとすれば、近い将来、地域社会はその負担に押しつぶされてしまうにちがいない。だからこそいま、僕たちは大きな社会の見取り図を語りあわなければならない。

20世紀は市場をつうじた所得の増大が、生きること、暮らすことの中心にあった。国を中心とする中央集権システムのもとでその果実のごく一部を税として集め、残りは労働者の手もとにとめ置かれた。労働者は、それを貯蓄と消費に回すことで自分たちの生活を成り立たせ、貯蓄は銀行をつうじて企業への貸しつけに向けられ、さらなる成長を生みだした。

しかし、こうしたお金の循環は終わった。人口の減少が避けられない21世紀には、国から地方へ、地方から住民へと機能の分解・下降がはじまる。そのなかでこの戦後システムを作り変えていかなければならないのだ。

ここで求められる方向性はふたつある。ひとつは国際的に見て明らかに低すぎる税・社会保険料の負担率を引きあげることで、国と地方による保障システムを編み直すこと。いまひとつは地域の共同性を強化し、活用するための基盤を整備することだ。

社会の価値、そして現実は大きく変わった。第1章でも論じたように、国や地方がさまざまな施策に細かく介入し、複雑化するニーズを一つひとつ満たしていくことには限界がある。したがって、僕たちは、国と地方、そして地域のそれぞれに「新たなプラットフォーム」を作り直していかなければならない。

ベーシック・サービスを土台とするライフ・セキュリティによって誰もが安心して生き、暮らすという基本権が保障される。この「パブリック・プラットフォーム」のうえにソーシャルワーカーの社会変革をつうじた地域の人的・制度的ネットワークという「コミュニティ・プラットフォーム」が重層的に重なり合う。そうすれば、人びとの生存権と幸福追求権の双方が射程に収められることとなる。

僕は、公的領域、私的領域、そしてその間に存在する「共」の領域が組み合わされる「公・共・私のベストミックス」という考えかたを提案してきた（前掲『幸福の増税論』）。

この「共」の領域は、自治会、ボランティア団体、生協、JAなどの協同組合、労働組合といったさまざまなアクターが交錯する場だ。これらの地域ニーズを満たそうとするアクターを接続する、接着剤のような機能が必ず求められるだろう。その一部もまた、ソーシャルワーカーに求められていくこととなる。

だが、あるべき社会の姿を語ることは簡単だが、ソーシャルワーカーに求められる役割は重要であり、それだけに多くの困難をともなう。ズバリ言えば、その資質がハッキリと問われることとなるだろう。だからこそ、ソーシャルワークとは何なのかを根源から問い返し、資格や組織の統合を訴え、法的定義の修正、カリキュラムの改正、そしてあやまれる専門性の打破という問題にまで僕たちは踏みこんで議論をしてきた。「市場の世紀」ともいうべき20世紀は、「プラットフォームの世紀」である21世紀へと大きな変貌を遂げる。その変貌の中心にソーシャルワーク／ソーシャルワーカーが存在すると僕は考えている。これが3人と一緒にこの本を書いた最大の動機だ。

僕たちはなにを平等にしようとしているのか

以上に述べた歴史的な転換は、ひとことで「消費」と言っても、その目的が物的な欲望を満たすことから、暮らしのニーズを満たすことへと、社会の編成原理が転換することと対応している。というのも、かつてのような経済成長が期待できず、人口も減少し、少子高齢化が避けられない21世紀では、他者に見せびらかすための消費から、生存・生活ニーズを満たすための消費へと軸足を移さざるをえないからだ。

この本が問うてきたのは、政府をつうじてニーズを満たすだけでなく、ソーシャルワーカーが地域のプラットフォームを作り変えていくことで、こうしたニーズをさらに深く、細かく満たしていく可能性だった。21世紀にあって、この「ニーズ」という考えかたほど重みを増していく概念はないかもしれない。

僕たちはこれまで、「救済」を絶対的な正ととらえ、社会的弱者を選別し、その人たちが生きのびるための手段を考えてきた。あるいは権利を語るときにも、それは権利の名のもとで当然要求されることを、「社会的弱者にも適用すべきだ」と訴えてきた。

ほとんどの人たちが「自己責任」で生きていくことのできた時代はそれでよいだろう。だが、いま僕たちが直面している社会の危機は、貧困が存在するだけではなく、さらにそれが世代をこえて受けつがれる理不尽さ、そして、貧困ではないのに、日々の暮らしや将来に大勢の人びとが不安やしんどさを感じるという不条理とでできている。

みなさんに問いたい。生存や生活のニーズが保障され、さらにソーシャルワークをつうじて一人ひとりのニーズを満たしていく、そんな互いが互いを「気にかけあう社会」がありうることをみなさんは想像できただろうか。

想像することは自由なはずだ。人から馬鹿にされようと、非現実的だと罵られようとも、想像する自由はすべての人の手のなかにある。もし想像すらできなかったとしたら、そこには「あきらめ」がないだろうか。

だが、所得の不平等はおかしいのだといくら叫んでも人びとに共感されず、それどころか、所得の減少は努力の不足に、弱者への気づかいは甘やかしにおきかえられるような社会を、僕たちは次の世代に残していくわけにはいかない。あきらめてはならないのだ。

あえて言おう。このような社会を生みだしたことへの責任を誰かが取らなければならない。それは僕であり、あなたであり、いまを生きるすべての大人たちだ。僕たちは所得を平等化する社会ではなく、人間の尊厳、あつかい、そして互いが認められる喜びを平等化する社会をめざしたいと訴えた。次はみなさんの番だ。声をあげてほしい。僕たちと正反対でもいい。どんな社会をめざすのか、みんなで考えようじゃないか。

これはただのヒューマニズムではない。一人ひとりを暮らしの不安から解放し、人びとの社会的居場所や役割を作りだし、放っておけば、助けてもらうことの悲しみのうちに閉じこもったかもしれない人間の力を社会に全力で解き放つための闘いだ。経済の成長と効率化に血道をあげてきた「絶望の過去」からの決別であり、人間の能力を最大限に引きだし、社会全体の効率化をもなしとげる「希望への挑戦」をはじめるのだ。

多様性を語るだけで許される時代はもはや過去のものだ。僕たちは多様性をわざわざ声高に叫ばなくても良い時代を引きよせたい。仮に他人の多少の不幸が蜜の味だったとしても、他人の悲惨を望む者はいない。新しい歴史は、そんな悲惨を終わらせるという当たり前の決断からはじまる。

だが、身構える必要はない。その決断は、自分のまわりにいる家族、友人、そして同じ社会を生きる仲間たちを「気にかける」ことで実現できる。

さあ、はじめよう。

あとがき

ソーシャルワーカーは人間の希望になれる――そう信じて本書はしたためられた。

私たちの出逢いの原点は、２０１３年７月に遡る。当時使いはじめて間もないＳＮＳを通じて、井手英策さんからメッセージをもらった。経歴の一部にカリフォルニア大学サンタバーバラ校とある。なぜこんな人からメッセージがくるのか、不思議に思った。

ほどなくして布団に入ったが、「井手英策」という名前が突然よみがえり、あわてて書斎に駆け込んだ。彼の本には大きな感銘を受けていたはずだったが、まさかのできごとで、著作と名前が即座につながらなかったのだ。

「これを放っておく手はない」、私は直感した。そして無謀にも、サンタバーバラに乗りこむことにした。井手さんにとっては迷惑きわまりない話だったはずだが、朝から晩まで、食事すら忘れて一週間語り合った。それ以来の友情。まさに衝撃の出逢いだった。

思えば柏木一恵さんとの出逢いも海外だった。

２０１５年10月にバンコクで開催されたアジア太平洋ソーシャルワーク会議でのことだ。

年齢も経験も不足しているくせに、生意気にもソーシャルワーク論を熱弁する私を、にこやかでいて、どこか涼しげに見ていてくれたのが柏木さんだった。

柏木さんとは、実践における対象分野や所属する組織がちがう。だけど、ソーシャルワークのアイデンティティをいう点ではまったく思いを同じくしている。私のほうがはるかに未熟なので怒られそうだが、彼女は思想を一つにできる稀有な盟友だと思っている。

加藤忠相さんとのご縁はちょっと変わっている。

加藤さんと私の間には共通の友人が大勢いる。彼のほうがはるかに有名人ではあるけれど、介護関係の雑誌や書籍で何度も一緒に取りあげてもらった。だけど一緒に仕事をさせてもらうのはじつは今回がはじめてだ。

「専門職性」が危険だという加藤さんの指摘は、その「専門職性」を立脚点とする私には耳の痛い話だ。だがいまのソーシャルワークで見落とされているもっとも重要な視点であり、看過できない。この出逢いは私の未来を大きく変える、そんな予感がしている。

4人がひとつになるきっかけを作ってくれたのは井手さんだった。なぜ財政学者が呼びかけ、その呼びかけに私たちが応えたのか、不思議に思われるかもしれない。

思えば、財政危機の言葉におどされ、多くのソーシャルワーカーが自身のあるべき姿を見失い、新自由主義への道をひた走る経済学に易々とからめとられていった20年だった。

腹わたの煮えくり返るような思いだった。だがそれでも、人間の尊厳を守ろうとすれば、社会サービスの充実は絶対に欠かせないし、私たちも経済や財政の問題を無視していいはずがない。どこかで財政学とソーシャルワークの連携が必要だと思っていた。

ただそれは簡単なことではなかった。日本では、ソーシャルワークは社会的に認知されておらず、知名度も決して高くない。研究者サイドから見れば、自分の理論を社会に伝えていくのであれば、「ソーシャルワーク」にこだわるよりも医療等の専門職と連携したほうがはるかに効率的だし、実際にそういう研究者がほとんどだ。

井手さんは、「人間のための経済」を訴える数少ない研究者だ。学界はもとより、論壇や政治の場でも注目されていたが、少なくとも日本の経済学者で、いち早くソーシャルワークの潜在力と可能性に着目したのは彼だった。そして何より幸いなことに、ソーシャルワークが「脆弱な立場」であったとしても、井手さんは自らが必要とされる領域で闘おうとする人だった。いや、まさに「排除された人びと」「抑圧された人びと」の側に立つことを使命としているようにすら思えた。

ソーシャルワークは、すべての人間の権利保障を志向するが、その実践のとば口には、社会から排除された人びとへの支援が据えられている。しかも、それは、イデオロギーに依拠した実践ではなく、より具体的で現実的な「社会変革」に根ざしている。ここにソーシャルワークの真骨頂がある。

柏木さんも、加藤さんも、井手さんの議論に衝撃を受けた仲間だったが、同時に、「脆弱な立場」の人たちのために闘うという気持ちだけは誰よりも強く持っていた。そんな私たちからすれば、井手さんの呼びかけに応えるのに迷いはなかった。本書は、研究者とソーシャルワーカーが出逢うべくして出逢った一冊だったのだ。

とはいえ、4人の共著を新書で世に問うことはそう簡単なことではない。この企画を二つ返事で引き受けてくださったのは筑摩書房の石島裕之さんだ。本書の中身は、ソーシャルワークの理論と実践はもちろん、養成カリキュラム、専門職団体のありかたに至るまでじつに多岐にわたっている。いや、それ以前に、4頭の暴れ馬を御することの苦労は察するにあまりあるものがある。心からお礼を申し上げたい。

それともう一人、本書の企画段階から議論に加わり、たえず私たちに発破をかけ、本書の公刊を誰よりも心待ちにしてくれた鶴幸一郎さんにもお礼を言いたい。この本の中身が生粋のソーシャルワーカーである鶴さんに共感してもらえるとすれば、多くのソーシャルワーカーにとっても大切な導きの一冊となることだろう。

ソーシャルワーカーは、社会のあちこちに人間性の証を刻み込んでいかねばならない。だが、私たちの歴史において、ソーシャルワークが、ナチス・ドイツにおける障害者等の選別・収容・避妊手術・国外退去や、日本での「ハンセン病強制隔離政策」、旧優生保護法のもとでの障害者の強制的不妊手術などの反人権的展開に加担してきたことも事実だ。

本書では、ソーシャルワーカーを鼓舞するために、あえて、その可能性と潜在力に着目してきた。だが、その輝きが保たれるとすれば、それは私たちソーシャルワーカーが、真のソーシャルワークを追求し続けるそのかぎりにおいて、である。

執筆者を代表して　中島康晴

ちくま新書
1433

ソーシャルワーカー
――「身近《みぢか》」を革命《かくめい》する人《ひと》たち

二〇一九年九月一〇日　第一刷発行
二〇二四年九月二〇日　第四刷発行

著者　井手英策（いで・えいさく）／柏木一恵（かしわぎ・かずえ）／加藤忠相（かとう・ただすけ）／中島康晴（なかしま・やすはる）

発行者　増田健史

発行所　株式会社 筑摩書房
東京都台東区蔵前二―五―三　郵便番号一一一―八七五五
電話番号〇三―五六八七―二六〇一（代表）

装幀者　間村俊一

印刷・製本　三松堂印刷 株式会社

ISBN978-4-480-07247-4 C0236

ちくま新書

ちくま新書

465 **憲法と平和を問いなおす** 長谷部恭男
情緒論に陥りがちな改憲論議と冷静に向きあうには、そもそも何のための憲法かを問う視点が欠かせない。この国のかたちを決する大問題を考え抜く手がかりを示す。

1371 **アンダークラス** ——新たな下層階級の出現 橋本健二
就業人口の15％が平均年収186万円。この階級の人々はどのように生きているのか？ 若年・中年、女性、高齢者とケースにあわせ、その実態を明らかにする。

1288 **これからの日本、これからの教育** 前川喜平 寺脇研
二人の元文部官僚が「加計学園」問題を再検証し、生涯学習やゆとり教育、高校無償化、夜間中学など一連の改革をめぐってとことん語り合う、希望の書！

1029 **ルポ 虐待** ——大阪二児置き去り死事件 杉山春
なぜ二人の幼児は餓死しなければならなかったのか？ 現代の奈落に落ちた母子の人生を追い、女性の貧困を問うルポルタージュ。信田さよ子氏、國分功一郎氏推薦。

1091 **もじれる社会** ——戦後日本型循環モデルを超えて 本田由紀
もじれる＝もつれ＋こじれ。行き詰まり、悶々とした状況にある日本社会の見取図を描き直し、教育・仕事・家族の各領域が抱える問題を分析、解決策を考える。

1195 **「野党」論** ——何のためにあるのか 吉田徹
野党は、民主主義をよりよくする上で不可欠のツールだ。そんな野党に多角的な光を当て、来るべき野党を、これからの対立軸を展望する。「賢い有権者」必読の書！

710 **友だち地獄** ——「空気を読む」世代のサバイバル 土井隆義
周囲から浮かないよう気を遣い、その場の空気を読もうとするケータイ世代。いじめ、ひきこもり、リストカットなどから、若い人たちのキツさと希望のありかを描く。

ちくま新書

1385
平成史講義
吉見俊哉編
平成とは、戦後日本的なものが崩れ落ち、革新の試みが挫折した30年間だった。政治、経済、雇用、メディア。第一線の研究者がその頽路と活路を描く決定版通史。

1326
仏教論争
——「縁起」から本質を問う
宮崎哲弥
和辻哲郎や三枝充悳など、名だたる知識人、仏教学者が繰り広げた、縁起をめぐる戦前・戦後の論争。犀利な分析を通して、その根本を浮かび上がらせた渾身作！

819
社会思想史を学ぶ
山脇直司
社会思想史とは、現代を知り未来を見通すための、過去の思想との対話である。近代啓蒙主義からポストモダニズムまで、その核心と限界が丸ごとわかる入門書決定版。

020
ウィトゲンシュタイン入門
永井均
天才哲学者が生涯を賭けて問いつづけた「語りえないもの」とは何か。写像・文法・言語ゲームと展開する特異な思想に迫り、哲学することの妙技と魅力を伝える。

200
レヴィナス入門
熊野純彦
フッサールとハイデガーに学びながらも、ユダヤの伝統を継承し独自の哲学を展開したレヴィナス。収容所体験から紡ぎだされた強靭で繊細な思考をたどる初の入門書。

545
哲学思考トレーニング
伊勢田哲治
哲学って素人には役立たず？　否、そこは使える知のツールの宝庫。屁理屈や権威にだまされず、筋の通った思考を自分の頭で一段ずつ積み上げてゆく技法を完全伝授！

666
高校生のための哲学入門
長谷川宏
どんなふうにして私たちの社会はここまできたのか。「知」の在り処はどこか。ヘーゲルの翻訳で知られる著者が、自身の思考の軌跡を踏まえて書き下ろす待望の書。

922
ミシェル・フーコー
――近代を裏から読む
重田園江
社会の隅々にまで浸透した「権力」の成り立ちを問い、常識的なものの見方に根底から揺さぶりをかけるフーコー。その思想の魅力と強靭さをとらえる革命的入門書！

1165
プラグマティズム入門
伊藤邦武
これからの世界を動かす思想として、いま最も注目されるプラグマティズム。アメリカにおけるその誕生から最新の研究動向まで、全貌を明らかにする入門書決定版。

1281
死刑　その哲学的考察
萱野稔人
死刑の存否をめぐり、鋭く意見が対立している。「結論ありき」でなく、死刑それ自体を深く考察することで、これまでの論争を根底から刷新する、究極の死刑論！

395
「こころ」の本質とは何か
――統合失調症・自閉症・不登校のふしぎ
シリーズ・人間学⑤
滝川一廣
統合失調症、自閉症、不登校――。これら三つの「こころ」の姿に光を当て、「個的」でありながら「共同的」でもある「こころ」の本質に迫る、精神医学の試み。

532
靖国問題
高橋哲哉
戦後六十年を経て、なお問題でありつづける「靖国」を、具体的な歴史の場から見直し、それが「国家」の装置としていかなる役割を担ってきたのかを明らかにする。

623
１９６８年
絓《すが》秀実
フェミニズム、核家族化、自分さがし、地方の喪失などに刻印された現代社会は「１９６８年」によって生まれた。戦後日本の分岐点となった激しい一年の正体に迫る。

1265
僕らの社会主義
國分功一郎
山崎亮
いま再びグランド・セオリーが必要とされているのではないか？　マルクス主義とは別の「あったかもしれない社会主義」の可能性について気鋭の論客が語り尽くす。

ちくま新書

085
日本人はなぜ無宗教なのか
阿満利麿

日本人には神仏とともに生きた長い伝統がある。それなのになぜ現代人は無宗教を標榜し、特定宗派を怖れるのだろうか？ あらためて宗教の意味を問いなおす。

1343
日本思想史の名著30
苅部直

古事記から日本国憲法、丸山眞男『忠誠と反逆』まで、日本思想史上の代表的名著30冊を選りすぐり徹底解説。人間や社会をめぐる、この国の思考を明らかにする。

650
未完の明治維新
坂野潤治

明治維新は〈富国・強兵・立憲主義・議会論〉の四つの目標が交錯した「武士の革命」だった。それは、どう実現されたのだろうか。史料で読みとく明治維新の新たな実像。

008
ニーチェ入門
竹田青嗣

新たな価値をつかみなおすために、今こそ読まれるべき思想家ニーチェ。現代の我々をも震撼させる哲人の核心に大胆果敢に迫り、明快に説く刺激的な入門書。

832
わかりやすいはわかりにくい？
——臨床哲学講座
鷲田清一

人はなぜわかりやすい論理に流され、思い通りにゆかず苛立つのか——常識とは異なる角度から哲学的に物事を見る力をレッスンし、自らの言葉で考える力を養う。

944
分析哲学講義
青山拓央

現代哲学の全領域に浸透した「分析哲学」。言語のはたらきの分析を通じて世界の仕組みを解き明かすその手法は切れ味抜群だ。哲学史上の優れた議論を素材に説く！

1060
哲学入門
戸田山和久

言葉の意味とは何か。私たちは自由意志をもつのか。人生に意味はあるか……こうした哲学の中心問題を科学が明らかにした世界像の中で考え抜く、常識破りの入門書。

ちくま新書

474
アナーキズム
——名著でたどる日本思想入門
浅羽通明
大杉栄、竹中労から松本零士、笠井潔まで十冊の名著をたどりながら、日本のアナーキズムの潮流を俯瞰する。常に若者を魅了したこの思想の現在的意味を考える。

578
「かわいい」論
四方田犬彦
キティちゃん、ポケモン、セーラームーン——。日本製のキャラクター商品はなぜ世界中で愛されるのか？「かわいい」の構造を美学的に分析する初めての試み。

1039
社会契約論
——ホッブズ、ヒューム、ルソー、ロールズ
重田園江
この社会の起源には何があったのか。ホッブズ、ヒューム、ルソー、ロールズの議論を精密かつ大胆に読みなおし、近代の中心的思想を今に蘇らせる清冽な入門書！

1182
カール・マルクス
——「資本主義」と闘った社会思想家
佐々木隆治
カール・マルクスの理論は、今なお社会変革の最強の武器であり続けている。最新の文献研究からマルクスの実像に迫ることで、その思想の核心を明らかにする。

791
日本の深層文化
森浩一
稲と並ぶ隠れた主要穀物の「粟」。田とは異なる豊かさを提供してくれる各地の「野」。大きな魚としてのクジラ。——史料と遺跡で日本文化の豊穣な世界を探る。

1299
平成デモクラシー史
清水真人
90年代の統治改革が政治の風景をがらりと変えた。「小泉劇場」から民主党政権を経て「安倍一強」へ。激動の30年を俯瞰し、「平成デモクラシー」の航跡を描く。

939
タブーの正体！
——マスコミが「あのこと」に触れない理由
川端幹人
電力会社から人気タレント、皇室タブーまで、マスコミ各社が過剰な自己規制に走ってしまうのはなぜか？『噂の眞相』元副編集長がそのメカニズムに鋭く迫る！